ENCORE TRICOLORE 1

nouvelle édition

COPYMASTERS & ASSESSMENT

Sylvia Honnor and Heather Mascie-Taylor

Formal assessments (Contrôles): Jackie Coe

This edition first published in 2000 by:
Nelson

Reprinted in 2001 by:
Nelson Thornes Ltd
Delta Place
27 Bath Road
CHELTENHAM
GL53 7TH
United Kingdom

01 02 03 04 05 / 10 9 8 7 6 5 4 3 2

A catalogue record for this book is available from the British Library

ISBN 0 17 440273 2

Illustrations by Gary Andrews, David Birdsall, Richard Duszczak, Clare Hollyman, David Lock, Judy Musselle, Matt Shelley, Michael Spencer, George Turner, Mike Whelan, Matthew Wilson, John Wood

Page make-up by Pardoe Blacker

Printed in Great Britain by Antony Rowe Ltd.

Acknowledgements

The authors and publisher would like to thank the following for their help in producing this book:
Development: Jackie Coe
Editorial: Sue Chapple
Language consultant: Philippe Bourgeois
Cover design: G&E 2000
Richard White, County Consultant (Modern Languages)
Lucy Ingram
Rebecca Knight
Jonathan Mascie-Taylor

Table des matières

La France

1 Voici la France

Choisis la réponse correcte.

1 France is
- **a** a country in Europe ☑
- **b** an island ☐
- **c** a continent ☐

2 Disneyland is near
- **a** Bordeaux ☐
- **b** Paris ☐
- **c** La Rochelle ☐

3 To get to France from England you have to cross
- **a** the Channel ☐
- **b** the Atlantic Ocean ☐
- **c** the Mediterranean Sea ☐

4 Paris is on the river
- **a** Loire ☐
- **b** Seine ☐
- **c** Rhône ☐

5 France is
- **a** bigger than England ☐
- **b** smaller than England ☐
- **c** about the same size as England ☐

6 The highest mountains in France are called
- **a** the Pyrenees ☐
- **b** the Vosges ☐
- **c** the Alps ☐

(Clue: They separate France from Switzerland and Italy.)

2 Mots mêlés

Trouve les mots.

Paris Nice Disneyland Lyon Alpes
Seine Dijon Poitiers Rouen Loire
Bordeaux Futuroscope

I	D	I	F	K	A	L	P	E	S	R	P
Q	I	B	O	R	D	E	A	U	X	Y	O
X	J	T	S	L	O	I	R	E	T	W	I
H	O	U	F	Q	S	E	I	N	E	N	T
R	N	I	L	Y	O	N	S	I	Q	X	I
N	F	U	T	U	R	O	S	C	O	P	E
G	F	X	Z	B	I	Y	N	E	U	O	R
I	D	I	S	N	E	Y	L	A	N	D	S

3 Chasse à l'intrus

Souligne le mot qui ne va pas avec les autres.
Exemple: 1 *Tours, la Seine, Bordeaux, La Rochelle*

1. Tours, la Seine, Bordeaux, La Rochelle
2. Les Vosges, les Pyrénées, le Rhône, les Alpes
3. Le Massif Central, Le Futuroscope, Le Parc Astérix, Disneyland Paris
4. Dieppe, Londres, Rome, Paris
5. La Manche, la France, l'Angleterre, le Pays de Galles
6. La Méditerranée, l'Atlantique, la Manche, Le Mans
7. La Garonne, la Seine, la Loire, la Corse
8. Nice, Calais, Poitiers, Biarritz

4 La France et l'Angleterre

Complète la phrase en français.
Exemple: 1 *Paris.*

1. La capitale de la France s'appelle ....
2. Paris est la capitale de la ....
3. La Tour Eiffel est à ....
4. De la France à l'Angleterre,
   la distance est ....
5. La capitale de l'Angleterre s'appelle ....

Écoutez bien! 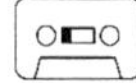

Écoute et choisis l'image correcte.

SECTION 1

Jean-Pierre

Françoise

Michèle

Pierre

Catherine

SECTION 2

4 ans

12 ans

10 ans

5 ans

6 ans

SECTION 3

J'habite en France

1 J'habite ici

Écoute et complète la grille.

Nom	habite	ville	village	maison	appartement	ferme
1 Vivienne	près de Trouville		✔	✔		
2 Hassan	à Paris					
3 M. Lafitte	près de Cherbourg					
4 Philippe	à La Rochelle					
5 Séverine	près de Grenoble					
6 Mme Meyer	à Strasbourg					
7 Sika	à Toulouse					
8 Luc	à Poitiers					

2 Où sont les voyelles?

Écris les voyelles pour compléter les mots.

Exemple: 1 v_i_ll_a_g_e_

1 Vivienne habite dans un v__ll__g__.

2 Hassan habite à P__r__s.

3 M. Lafitte habite dans un v__ll__g__.

4 Philippe habite dans un __pp__rt__m__nt.

5 Séverine habite près de Gr__n__bl__.

6 Mme Meyer habite dans une m__ __s__n.

7 Sika habite dans une v__ll__ importante.

8 Luc h__b__t__ près du Futuroscope.

3 Mots mêlés

Trouve les mots.

le la un ferme ville maison est port rue Île près six jardin

a	l	f	e	r	m	e	î
x	i	s	z	u	a	s	l
v	i	l	l	e	i	t	e
e	l	p	r	è	s	f	r
k	e	n	u	p	o	r	t
j	a	r	d	i	n	u	n

Trois conversations

Écoute les conversations et choisis la case correcte.

Conversation 1

A Je m'appelle **a** ☐ Marie **b** ☐ Monique **c** ☐ Martine

C J'ai **a** ☐ 4 ans **b** ☐ 14 ans **c** ☐ 11 ans

B Je m'appelle **a** ☐ Martin **b** ☐ Michel **c** ☐ Marcel

D J'ai **a** ☐ 6 ans **b** ☐ 16 ans **c** ☐ 10 ans

Conversation 2

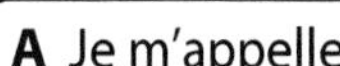

A Je m'appelle **a** ☐ Marc **b** ☐ Jean-Marc **c** ☐ Martin

C J'habite **a** ☐ **b** ☐

B Je m'appelle **a** ☐ Florence **b** ☐ Félicité **c** ☐ Françoise

D J'habite **a** ☐ **b** ☐

Conversation 3

A Je m'appelle **a** ☐ Philippe **b** ☐ Dominique **c** ☐ Pierre

C J'habite **a** ☐ **b** ☐

B Je m'appelle **a** ☐ Marie **b** ☐ Martine **c** ☐ Marianne

D J'habite **a** ☐ **b** ☐

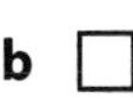

Mots et images

1 C'est quelle image?

Trouve le texte pour chaque image.
Exemple: 1C

1 

2 

3 

4 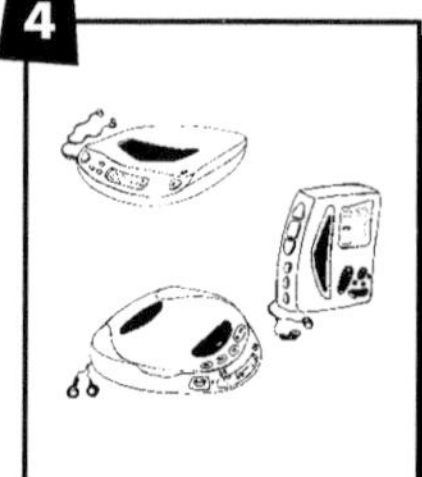

5 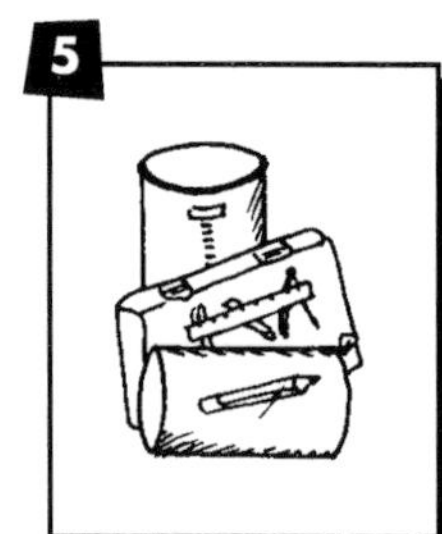

6 

7 

8 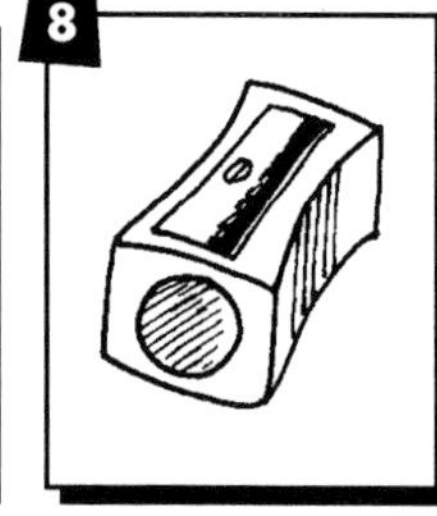

9 

10 

A C'est un taille-crayon.
B Ce sont des trousses.
C C'est une calculette.
D Ce sont des sacs à dos.
E C'est un classeur.
F Ce sont des baladeurs.
G C'est un ordinateur.
H C'est un lecteur de CDs.
I C'est un tableau.
J C'est une fenêtre.

2 Oui ou non?

Regarde les images. Lis les questions et réponds ***Oui*** *ou* ***Non****.*
Exemple: 1 *Oui*

1 

Voici une rue. Dans la rue, il y a un cinéma et un café. C'est vrai?

2 

C'est une tour à La Rochelle?

3 

Voici une ferme. Est-ce qu'elle est dans une ville?

4 

Est-ce que les appartements sont près de Paris?

5 

Voici Édimbourg. C'est une ville en Écosse?

SOMMAIRE

Now you can ...

- **say hello and talk about your name and age**

Bonjour! Je m'appelle Lynda. Comment t'appelles-tu? Quel âge as-tu?	Hello! I'm called Lynda. What are you called? How old are you?
Salut Lynda! Je m'appelle Alain. J'ai 14 ans.	Hi Lynda! I'm called Alain. I'm fourteen.

- **ask people how they are and say how you are too**

Ça va? — How are you? Okay?

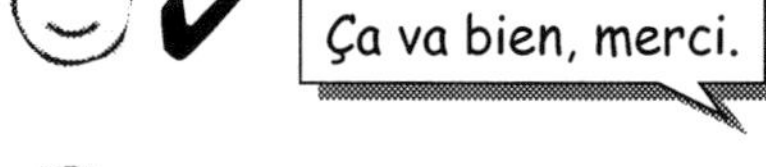

Fine, thank you.

Non, pas très bien. — No, not so good.

- **talk about where you live**

Où habites-tu?	Where do you live?
J'habite ...	I live ...
dans une maison	in a house
dans un appartement	in a flat
dans une ferme	in a farm
dans une ville/un village	in a town/a village
à Londres/près de Paris	in London/near Paris
en France	in France
en Angleterre	in England
en Écosse	in Scotland
en Irlande	in Ireland
au Pays de Galles	in Wales

- **talk about other people and places**

un/une enfant	child
une femme	woman
une fille	girl
un homme	man
un café	café
un cinéma	cinema
une rue	street

- **ask and answer a few basic questions**

Qui est-ce?	Who is it/this?
Qu'est-ce que c'est?	What is it/this?
C'est ...	It is ...
Ce n'est pas ...	It isn't ...
Ce sont ...	They are ...
Oui, c'est ça.	Yes, that's right.
Non, ce n'est pas ça.	No, that's not right.
Voici ...	Here is/Here are ...
Il y a ...	There is/There are ...

- **and name things in the classroom**

masculine words

un baladeur	walkman (personal stereo)
un cahier	exercise book
un cartable	schoolbag
un classeur	file
un crayon	pencil
un lecteur de CDs	CD player
un livre	book
un magnétophone	cassette player
un ordinateur (de poche)	computer (palm-top)
un sac (à dos)	bag (rucksack)
un stylo (à bille)	pen (ballpoint)
un taille-crayon	pencil sharpener

feminine words

une boîte	box (or tin)
une calculette	calculator
une chaise	chair
une fenêtre	window
une gomme	rubber
une porte	door
une règle	ruler
une table	table
une trousse	pencil case

Lire, c'est intéressant

1 Dans la salle de classe

Voici des affaires scolaires. Lis les mots et trouve la bonne image.

Exemple: 1b

1 une boîte
2 un cahier
3 un cartable
4 un taille-crayon
5 une gomme
6 un livre
7 un magnétophone
8 un ordinateur (de poche)
9 un stylo
10 une règle

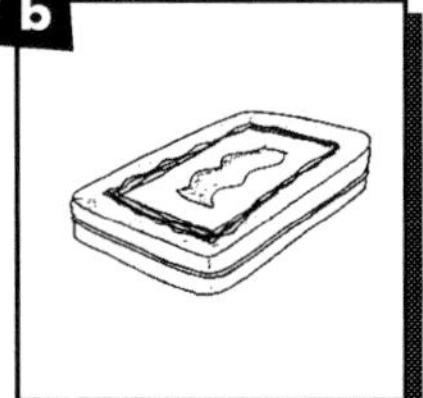

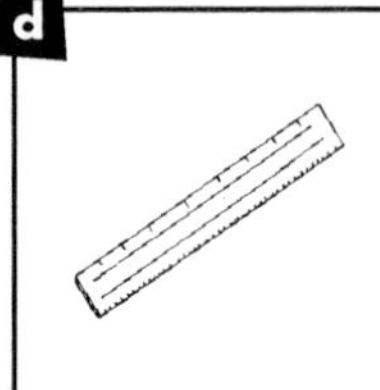

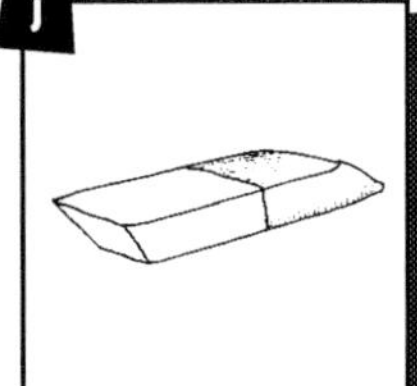

New words
If you meet a word you don't understand, first try guessing it. Some words look very similar to English words; these are called 'cognates'. However, the meaning is not always quite the same in English and the words don't always sound the same either, so you need to be careful.

2 Un serpent

Trouve 10 mots français qui sont comme des mots anglais. Écris le mot en français et en anglais avec le genre (m ou f).

Exemple: *table (f) = table*

If you can't guess a word, you can look it up in a glossary or dictionary.
For this, you need to be good with alphabetical order.

tableportappartementvillevillageordinateurfrancecafécinémafootballradiocousin

3 Dans l'ordre alphabétique

Écris les mots dans l'ordre alphabétique. Souligne le nombre dans chaque liste.

Exemple: Liste A - *Angleterre, deux, maison, …*

Liste A	Liste B	Liste C
rue	cahier	salon
Angleterre	cinéma	sofa
maison	calculette	sac
ville	cinq	salle de classe
porte	console	six
deux	crayon	stylo
	(This time all the words begin with **c***, so you need to look at the second and third letters to work out the alphabetical order.)*	*(This time all the words begin with* **s***, so you need to look at the second and third letters to work out the alphabetical order.)*

4 Tu comprends ces mots?

Devine! Trouve les paires.

Exemple: 1f

français	**anglais**
1 des parents	**a** nought (0)
2 des grands-parents	**b** interesting
3 la famille	**c** a grandmother
4 un grand-père	**d** the child (infant)
5 une grand-mère	**e** a mother
6 un père	**f** parents
7 une mère	**g** grandparents
8 zéro	**h** a father
9 l'enfant	**i** the family
10 intéressant	**j** a grandfather

La famille Techno

Travaillez à deux.
Voici l'arbre généalogique de la famille Techno.
Pose des questions à ton/ta partenaire pour trouver les détails qui manquent.

Exemple:

Le grand-père, quel âge a-t-il?

[Il a 60 ans.]

Et Clavier, quel âge a-t-il?

Tu commences!

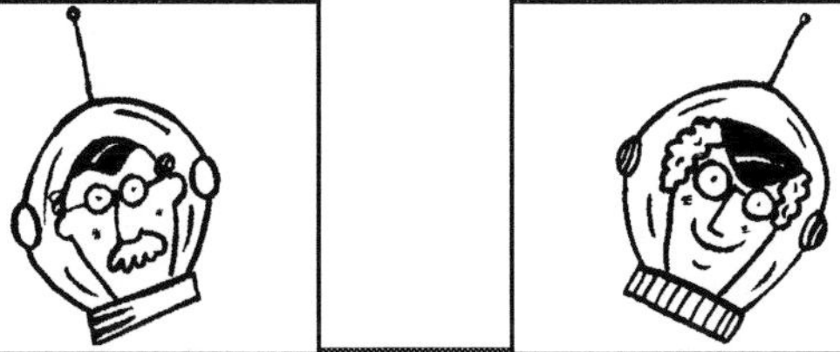

Le grand-père
Ordi
Ex: ..60 ans...

La grand-mère
Disquette
55 ans

Le père
Clavier
.... ans

La mère
Hifi
31 ans

Info
.... ans

Manette
10 ans

Micro
.... ans

Touche
7 ans

La famille Techno

Travaillez à deux.
Voici l'arbre généalogique de la famille Techno.
Pose des questions à ton/ta partenaire pour trouver les détails qui manquent.

Exemple:

La grand-mère, quel âge a-t-elle?

[Elle a 55 ans.]

Et Hifi, quel âge a-t-elle?

Ton partenaire commence.

LA FAMILLE TECHNO

Le grand-père
Ordi
60 ans

La grand-mère
Disquette
Ex: ...55... ans

Le père
Clavier
32 ans

La mère
Hifi
.... ans

Info
29 ans

Manette
..... ans

Micro
2 ans

Touche
.... ans

À la maison

a

b

c

d

e

f

1 Mots et images

Regarde les mots dans la case.
Écris les bons mots pour chaque image.
Exemple: a *la chambre des parents*

le salon
la salle à manger
la cuisine
la salle de bains
la chambre des parents
la chambre des enfants

2 C'est quelle pièce?

Écris la bonne lettre, ***a*** *à* ***f****.*
Exemple: 1a

1 Il y a deux chaises.
2 Il y a une radio.
3 Il y a quatre chaises.
4 Il y a trois livres sur la table.
5 Sur un lit, il y a un baladeur.
6 Les livres sont sous le lit.

3 C'est quel mot?

Écris les mots corrects.

1 Dans la cuisine, il y a une radio *[sous/sur]* la table.
2 Dans la chambre des parents, il y a un livre *[sous/sur/près de]* la table.
3 L'ordinateur est *[sur/dans/près de]* la chambre des enfants.
4 Dans la salle de bains, il y a une boîte *[sur une table/sous une chaise/sur une chaise]*.

Masculin, féminin

1 Les mots féminins

Souligne les mots féminins.

Exemple:

un frère; la famille; la cuisine; le lit; un livre; une demi-sœur; la chambre; le père; la mère; vendredi; la télévision; dimanche; le salon; un ordinateur; un magnétophone; la radio; un cinéma; la grand-mère; une règle

2 5-4-3-2-1

Regarde les mots dans l'activité 1.

Trouve cinq membres de la famille. **5 Exemple:** *un frère;*..

....

Trouve quatre appareils électriques. **4** ....

....

Trouve trois pièces. **3** ....

Trouve deux jours de la semaine. **2** ....

Trouve un bâtiment. **1** ....

3 Dans l'ordre alphabétique

Fais deux listes, dans l'ordre alphabétique, et écris **le**, **la** *ou* **l'**.

jardin ordinateur animal
grand-mère sœur maison rue
sac lecteur de CDs ferme

5 mots masculins	5 mots féminins
l'animal	*la ferme*
....	....
....	....
....	....
....	....

! Regarde le glossaire si tu n'es pas sûr(e)!

4 Les blancs

Complète les blancs avec:

1 *un mot masculin*

Exemple: a Mon ..*frère*.. s'appelle Jean-Pierre.

a Mon .... s'appelle Jean-Pierre.

b Dans ma chambre, il y a un ....

c Dans mon cartable, il y a un ....

d J'habite dans un ....

2 *un mot féminin*

a Ma .... s'appelle Christine.

b Dans ma chambre, il y a une ....

c Dans mon cartable, il y a une ....

d J'habite dans une ....

Pour t'aider

le/un/mon = masculin
la/une/ma = féminin

Jeux de vocabulaire

1 Les numéros

Quel est le numéro qui manque?
Exemple: a *vingt-huit*

a vingt-six, vingt-sept, . . . , vingt-neuf

b soixante et un, . . . , soixante-trois, soixante-quatre

c quarante-deux, quarante-trois, . . . , quarante-cinq

d treize, . . . quinze, seize,

e quarante-neuf, . . . , cinquante et un, cinquante-deux

f trente-deux, trente-trois, trente-quatre, . . .

2 En classe

Choisis le symbole correct.
Exemple: 1d

1 Travaillez à l'ordinateur!
2 Écoutez!
3 Lève la main!
4 Comptez!
5 Regardez!
6 Travaillez à deux!
7 Chantez!

a
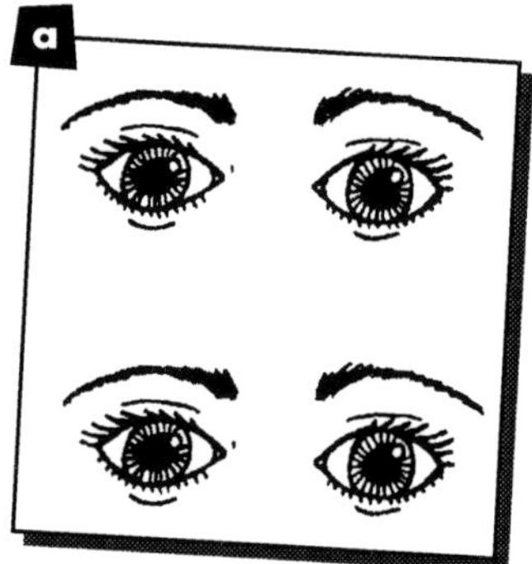

b

c

d

e

f

g

3 Les contraires

Trouve les contraires.
Exemple: 1d

1 Viens ici!	a Levez-vous!
2 Asseyez-vous!	b Arrêtez!
3 Ouvrez le livre!	c Fermez le livre!
4 Merci!	d Retourne à ta place!
5 Au revoir!	e S'il te plaît!
6 Commencez!	f Bonjour!

4 Questions et réponses

Trouve les paires.
Exemple: 1b

1 Quel jour sommes-nous?	a Il s'appelle Nicolas.
2 Qu'est-ce qu'il y a dans le sac?	b C'est lundi.
3 Tu as des frères et des sœurs?	c J'habite dans un village.
4 Il s'appelle comment?	d Il y a une calculette et des livres.
5 Où habites-tu?	e Oui, une sœur et deux frères.

SOMMAIRE

Now you can ...

- **ask about someone's family**

Tu as des frères ou des sœurs?	Have you any brothers or sisters?
Tu as des grands-parents?	Have you any grandparents?

- **talk about your family**

ma famille		my family	
J'ai	*un père*	I have	a father
	une mère		a mother
	une sœur		a sister
	deux sœurs		two sisters
	un frère		a brother
	trois frères		three brothers
	un demi-frère		a step brother
	une demi-sœur		a step sister
	un(e) cousin(e)		a cousin
	un grand-père		a grandfather
	une grand-mère		a grandmother
	des parents		parents
	des grands-parents		grandparents
Je suis	*fils unique*	I am	an only son
	fille unique		an only daughter
	enfant unique		an only child
	l'ami(e) de ...		the friend of ...

- **say where things are**

dans	in, inside
sur	on, on top of
sous	under, underneath

- **talk about your home**

Dans ma maison, il y a ...	In my house there is/are ...
la salle à manger	the dining room
la salle de séjour	the living room
le salon	the lounge/sitting room
la cuisine	the kitchen
la salle de bains	the bathroom
la chambre	the bedroom
un lit	a bed

- **ask and give information about people and places**

Il/Elle s'appelle comment?	What is he/she called?
Il/Elle s'appelle ...	He/She is called ...
Il/Elle a quel âge?	How old is he/she?
Il/Elle a ... ans	He/She is ... years old.
Il/Elle habite où?	Where does he/she live?
Il/Elle habite à ...	He/She lives in ...
Qui est-ce?	Who's that?
C'est ...	It's ...

- **say who things belong to**

C'est l'ordinateur de Guy.	It's Guy's computer.
C'est le frère de Dani.	It's Dani's brother.

- **use the days of the week** *(les jours de la semaine)*

Quel jour sommes-nous? What day/date is it?

lundi	Monday	*vendredi*	Friday
mardi	Tuesday	*samedi*	Saturday
mercredi	Wednesday	*dimanche*	Sunday
jeudi	Thursday		

0	*zéro*	10	*dix*	20	*vingt*
1	*un*	11	*onze*	21	*vingt et un*
2	*deux*	12	*douze*	30	*trente*
3	*trois*	13	*treize*	31	*trente et un*
4	*quatre*	14	*quatorze*	40	*quarante*
5	*cinq*	15	*quinze*	50	*cinquante*
6	*six*	16	*seize*	60	*soixante*
7	*sept*	17	*dix-sept*	70	*soixante-dix*
8	*huit*	18	*dix-huit*		
9	*neuf*	19	*dix-neuf*		

- **use *mon, ma, mes* (my) and *ton, ta, tes* (your)**

- **recognise masculine and feminine words**

- **use the right words for 'he', 'she', 'it'**

- **recognise and use the singular form of the verb *être***

je suis	I am
tu es	you are
il/elle est	he/she/it is

ÉPREUVE: Écouter

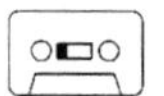

A Des affaires scolaires

Écoute et note les lettres dans l'ordre.

Ex.

1 ...*b*... 2 .... 3 ....

4 .... 5 .... 6 ....

/5

B C'est moi!

Écoute et coche la bonne case.

Ex.

1 **a** Sophie ☑ **b** Suzanne ☐

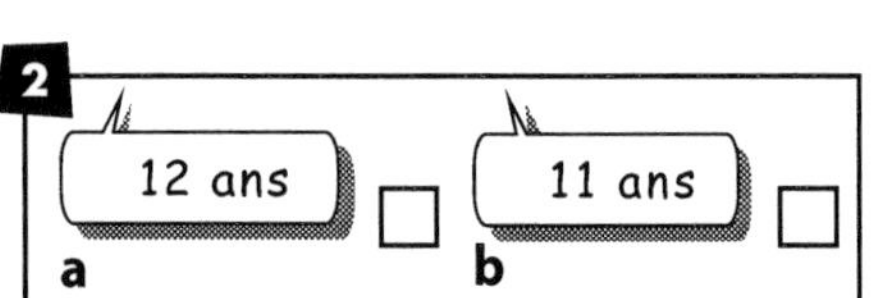

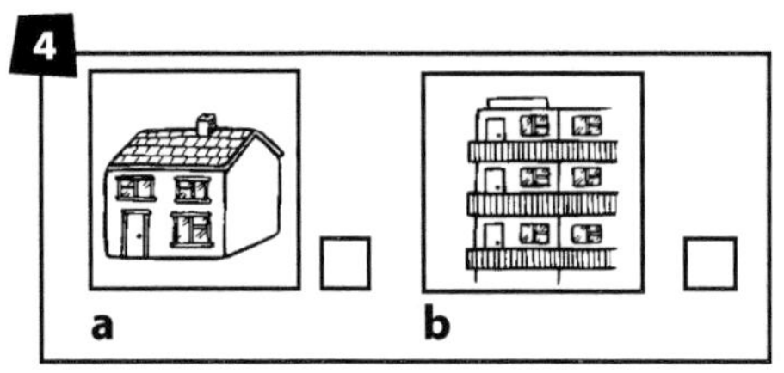

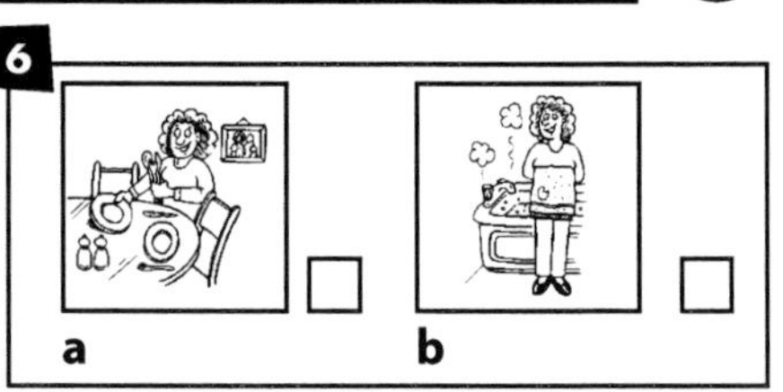

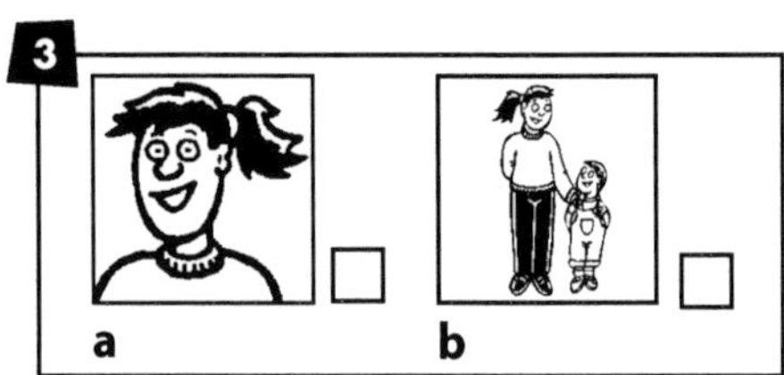

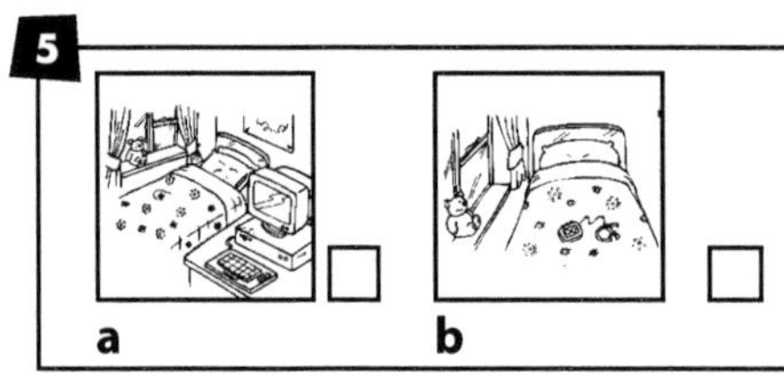

C C'est quelle phrase?

Écoute et écris **a** *ou* **b**.

Ex. 1 ..*a*..... 2 .... 3 .... 4 .... 5 .... 6 ....

1 2

6

D Je pense à quelque chose

Écoute et note les lettres correctes dans l'ordre.

Ex. ..*b,*...

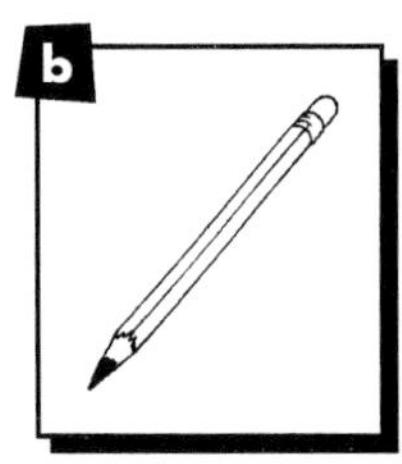

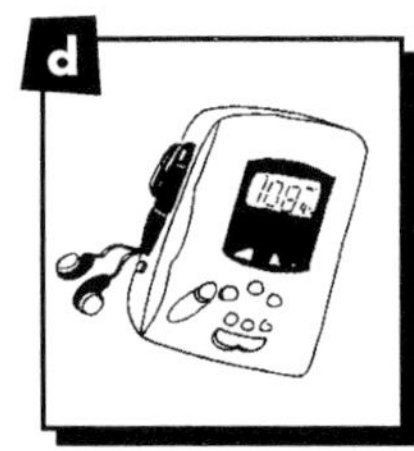

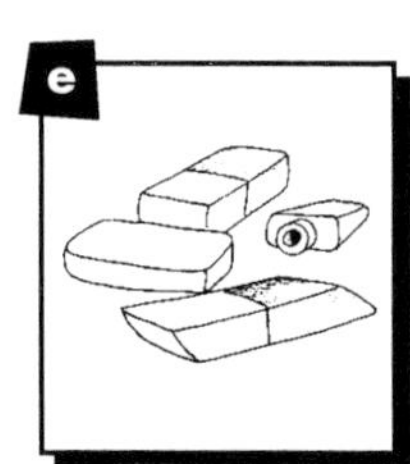

/5

TOTAL

ÉPREUVE: Lire

A Notre maison

Regarde le plan de la maison. Trouve les bonnes descriptions.

1 ...g.... (Ex.)
2 ....
3 ....
4 ....
5 ....
6 ....
7 ....

a la salle à manger
b la cuisine
c le salon
d mon lit
e mon ordinateur
f la salle de bains
g ma chambre

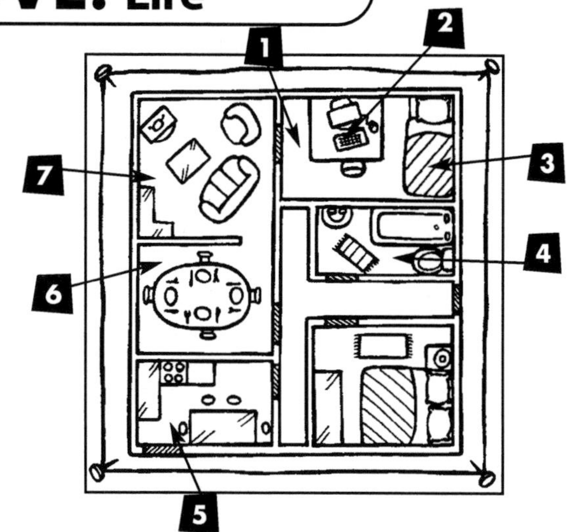

B C'est quelle image?

Trouve les paires.

1 ...f..... (Ex.)
2 ....
3 ....
4 ....
5 ....
6 ....
7 ....
8 ....

a Il y a une boîte sur la table. Dans la boîte, il y a des livres.
b Voici une rue. Dans la rue, il y a un cinéma et un café.
c C'est un village.
d Dans ma famille, il y a mes parents, mon grand-père, ma sœur et moi.
e C'est une ville.
f Dans ma famille, il y a mes parents, ma grand-mère, et les deux garçons.
g La boîte est sous la table. Il y a un chat dans la boîte.
h Voici une rue. Dans la rue, il y a des maisons et des appartements.

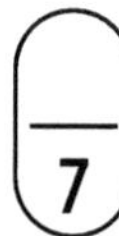

C Le télé-quiz

Salut!
Ça va? Pour moi, ça va très bien. Voici une chose extraordinaire! J'ai gagné des prix dans un quiz à la télé - ma sœur aussi. C'est fantastique, non? J'ai gagné une radio et un sac à dos et ma sœur, Brigitte, a gagné des livres et une visite à l'île de Ré pour toute la famille. Cette île est près de La Rochelle - c'est super!
À bientôt!
Luc

*Lis la lettre et les phrases et écris **vrai** ou **faux**.*

1 Luc a gagné des prix à la télévision. **Ex.** ......vrai......
2 Brigitte est la sœur de Luc. ....
3 Luc est enfant unique. ....
4 L'île de Ré est près de La Rochelle. ....
5 Brigitte a gagné des livres et une radio. ....
6 Luc a gagné deux prix. ....
7 Pour Luc, ça va très bien aujourd'hui. ....
8 La sœur de Luc s'appelle Brigitte. ....

TOTAL

ÉPREUVE: Écrire et grammaire

A Les mots corrects

Copie le mot correct sous chaque image.

1 
2 
3 
4 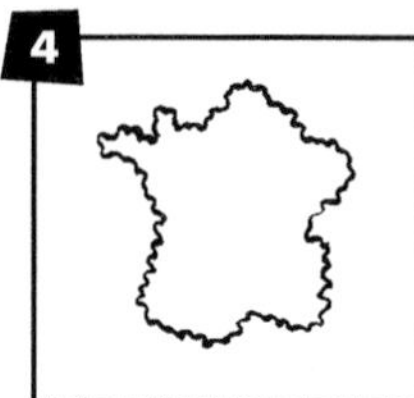

....

Pour t'aider

un village	des livres	la France
des cahiers	une maison	
une ville	une porte	

5 
6 
7 

....

__/6

B Les images et les descriptions

Copie la description correcte et complète les phrases.

1 
2 
3 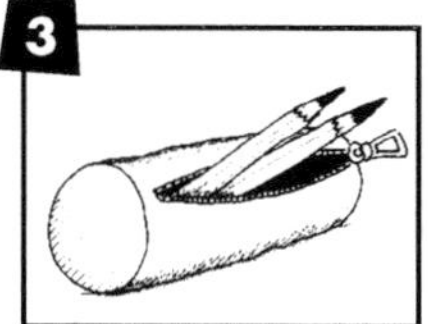
4 

Ex. *Voici une fille.* ....

5 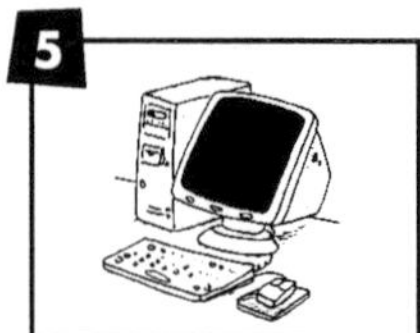
6 
7 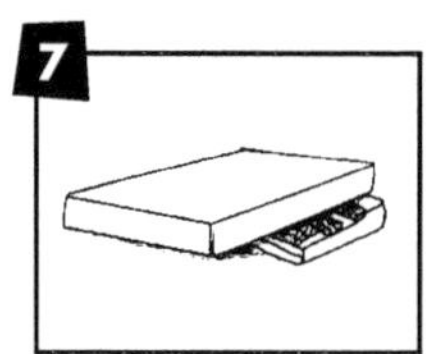

....

- **a** ... un ordinateur.
- **b** Voici ... garçon.
- **c** La ... Lebrun.
- **d** La calculette est ... la boîte.
- **e** Voici ... fille.
- **f** Les crayons sont ... la trousse.
- **g** Le livre est ... la table.

Pour t'aider

un une famille
voici sur sous
dans

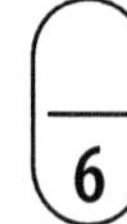
__/6

C Une lettre de Martin

Complète la lettre de Martin en français.

Pour t'aider

mon	ma	mes	j'ai	je suis
ton	ta	tes	tu as	tu es

Salut!
Je (1) *suis* Martin Rivière et (2) .... onze ans.
(3) .... un frère et une sœur. (4) M............ frère s'appelle Christophe et (5) m............ sœur s'appelle Claire. Est-ce que tu (6) .... des frères ou des sœurs ou (7) ....-tu enfant unique? J'ai aussi deux petits chats.
(8) M............ chats s'appellent Minnie et Mickey.
Écris-moi vite avec une description de (9) t............ famille.
Au revoir!
Martin

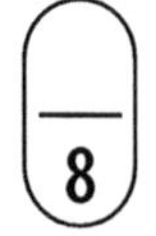
__/8

TOTAL

__/20

Les animaux

1	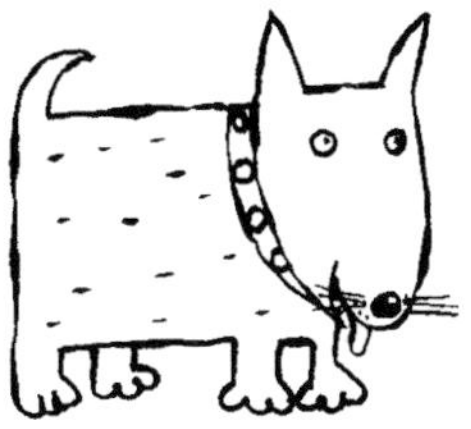	2	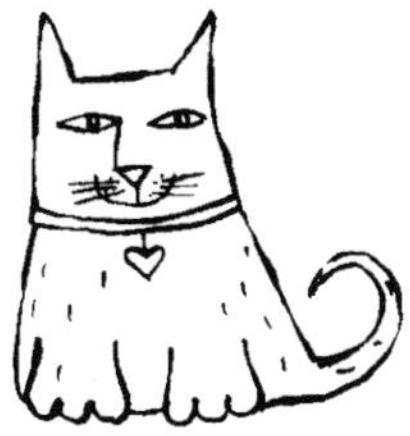
3	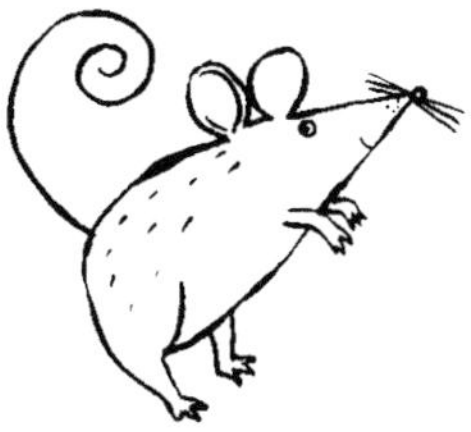	4	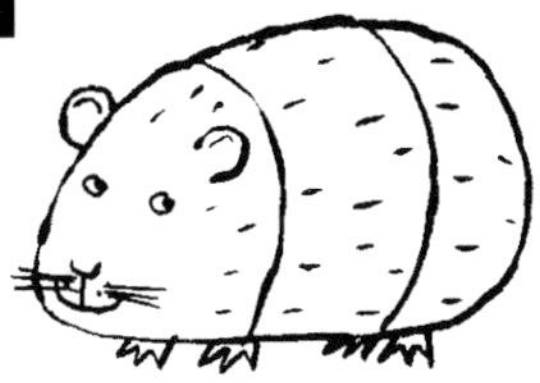
5	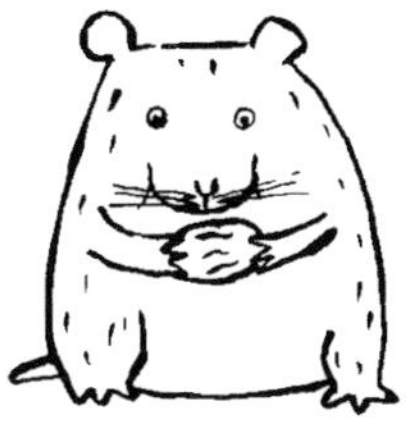	6	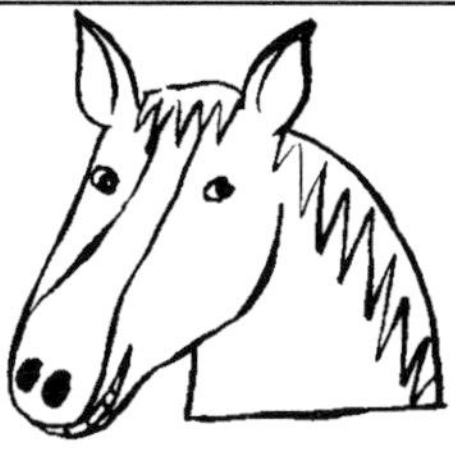
7	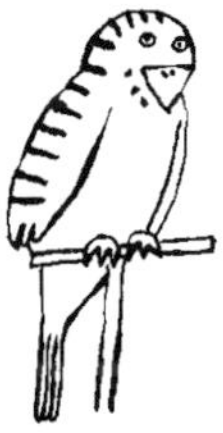	8	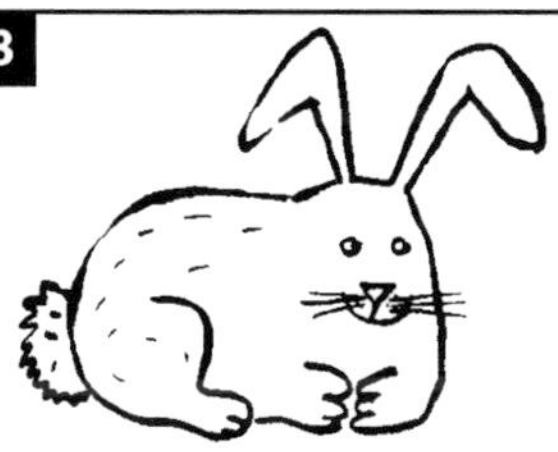
9	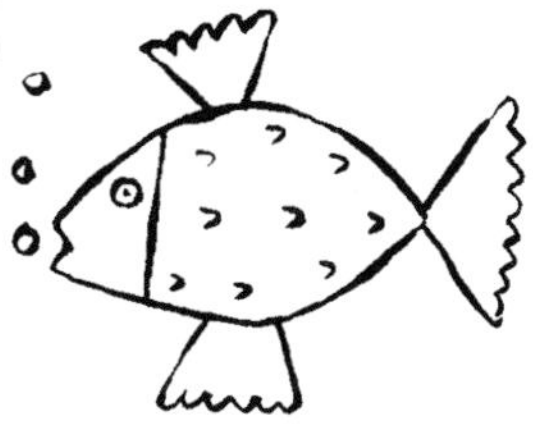	10	

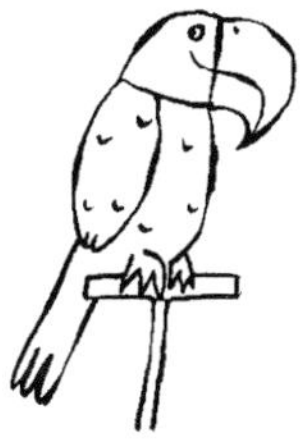

1 Les noms

Écris le bon texte pour chaque image.
Exemple: 1D (*un chien*)

A un hamster	**F** un poisson
B un lapin	**G** un cochon d'Inde
C un chat	**H** une souris
D un chien	**I** une perruche
E un cheval	**J** un perroquet

2 Les couleurs

Lis le texte et colorie les animaux.

- Le chien est noir et blanc.
- Le hamster et le cochon d'Inde sont bruns.
- Le chat est blanc et gris.
- Le poisson est rouge et orange.
- Le cheval est brun et blanc.
- Ce sont un lapin gris et noir et une souris blanche.
- La perruche est jaune et rouge, mais le perroquet est bleu, rouge, vert et jaune – il est multicolore!

Les animaux de mes amis

1 Où sont les voyelles?

Complète les mots avec les voyelles qui manquent.

Exemple: 1 ch*ie*n

1 ch__ __n

2 p__ __ss__n

3 s__ __r__s

4 p__rr__q__ __t

5 t__rt__ __

6 __ __s__ __ __

7 ch__v__l

8 l__p__n

2 C'est utile, le dictionnaire

Écris les noms des animaux en ordre alphabétique. Écris chaque mot en français et en anglais avec le genre (m ou f).

chien
chat
canari
chameau
chimpanzé
chauve-souris
canard
cheval
cochon d'Inde

Commence comme ça:

français		anglais
canard (m)	-	*duck*
canari (m)	-	*canary*

Pour t'aider

Si tu ne comprends pas le mot:
- **a** devine
- **b** regarde dans le glossaire ou le dictionnaire pour vérifier.

3 Les animaux de mes amis

Souligne le mot correct pour compléter chaque phrase.

Exemple: Suzette est petit / petite

Mes amis aiment beaucoup les animaux. Mon amie Magali a deux souris. Suzette est (1) petit / petite mais Lulu est (2) grand / grande. Mon ami Jules a trois chats – oui, trois! Un est (3) blanc / blanche et l'autre, Patchou, est (4) noir / noire. Mais moi, j'aime beaucoup Toto – il est (5) mignon / mignonne.

Alphonse, un garçon dans ma classe, a des animaux un peu extraordinaires. Il a un perroquet et un serpent. Le perroquet est (6) gris / grise et un peu (7) méchant / méchante, et le serpent est (8) vert / verte.

Et toi, tu as des animaux? Fais-moi une description des animaux de tes amis.

Ton ami,

Michel

Pour t'aider

petit est masculin;
petite est féminin

Exemple:
Patchou est petit.
Suzette est petite.

Questions et réponses

1 Deux interviews

Écris les bonnes questions pour compléter les deux interviews. Regarde les questions dans la case A.

Attention - dis **tu** *à un(e) ami(e), mais dis* **vous** *à un(e) adulte!*

A Au café

Tu parles à un(e) jeune Français(e).

Exemple:

a *Comment tu t'appelles?*

Je m'appelle Dominique.

b ....

D-O-M-I-N-I-Q-U-E.

c ....

J'habite à Saint-Paul-des-Monts. C'est un village.

d ....

Oui, deux lapins et un chien, mais les lapins sont à ma sœur.

e ....

Le chien est à moi. J'aime beaucoup les chiens.

f ....

Je préfère les chiens.

B Chez ton (ta) correspondant(e)

Tu parles à sa grand-mère.

Exemple:

g *Est-ce que vous aimez les animaux?*

Oui, j'aime beaucoup les animaux.

h ....

Oui, j'ai un petit chat.

i ....

Il s'appelle Mitsourou.

j ....

M-I-T-S-O-U-R-O-U.

k ....

Il est blanc et gris.

l ....

Je préfère les chats, mais j'aime aussi les chiens.

A

Questions

1 Comment tu t'appelles?
2 Tu aimes les animaux?
3 Est-ce que tu as un animal à la maison?
4 Est-ce que tu préfères les chats ou les chiens?
5 Où habites-tu?
6 Est-ce que tu aimes le sport (la musique)?
7 Avez-vous un animal à la maison?
8 Est-ce que vous aimez les animaux?
9 Comment ça s'écrit?
10 Et le chien, c'est à qui?
11 Comment s'appelle-t-il?
12 De quelle couleur est-il?
13 Quels animaux préférez-vous?

2 Conversations au choix

Travaillez à deux.

B

Voici des réponses possibles, mais invente les réponses si tu veux.
Je m'appelle ...
Oui, j'aime ...
Non, je n'aime pas ...
Oui, j'ai un chien/chat, etc.
Oui , beaucoup./Non, pas beaucoup.
Non, (mais ma grand-mère/mon ami etc. a ...)
Je préfère les chats/la musique/ le sport etc.
J'habite à .... C'est une ville/un village.

Personne A

Jette un dé ou choisis une des questions de 1 à 6 dans la Case A.

Exemple:

Personne B

Réponds, puis jette le dé et pose une des questions de 1 à 6 dans la Case A.

Exemple:

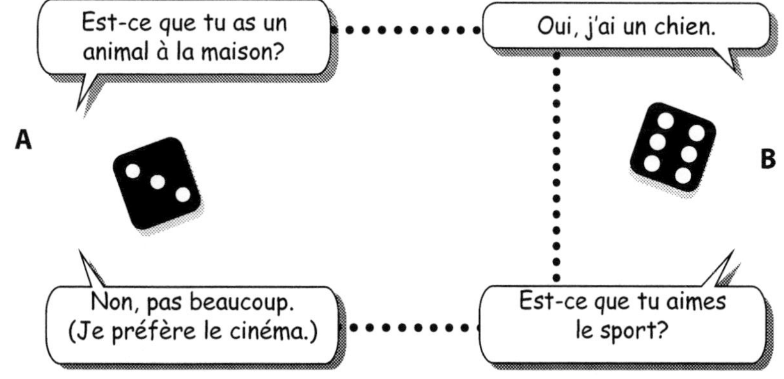

À l'ordinateur

1 Voici un ordinateur

Regarde l'image et complète le lexique en français.

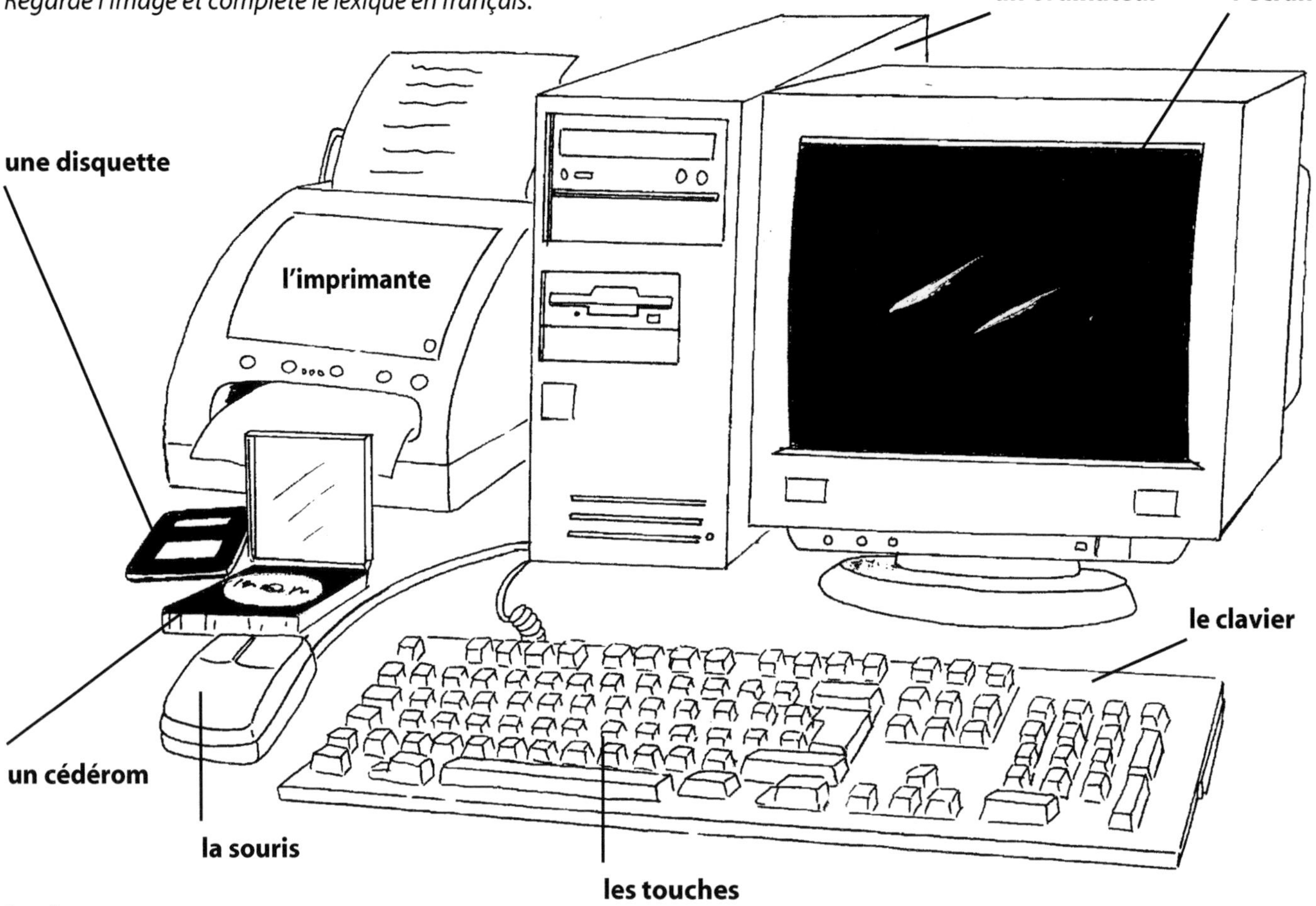

un ordinateur
l'écran
une disquette
l'imprimante
le clavier
un cédérom
la souris
les touches

Lexique
Exemple: a CD-ROM – *un cédérom*

the keyboard – ....

a floppy disk – ....

the screen – ....

the printer – ....

a computer – ....

the mouse – ....

the keys – ....

2 Un acrostiche

Complète l'acrostiche avec les mots français.

1 computer
2 keys
3 mouse
4 CD-Rom
5 keyboard
6 screen
7 printer
8 floppy disk
9 to work
10 to surf the Net
11 to type

1
2
3
4
5
6
7
8
9
o
r
d
i
n
a
t
e
u
r

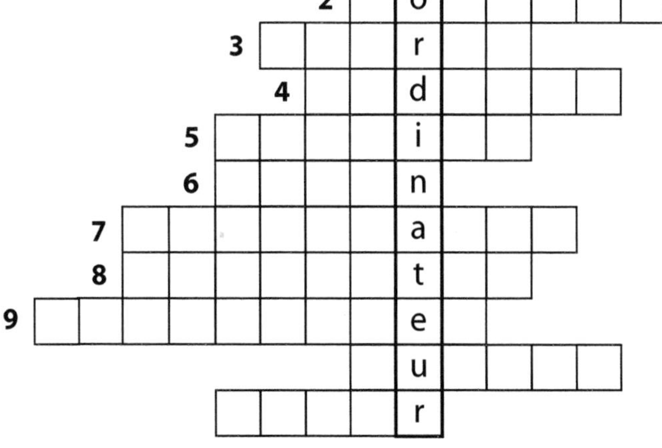

C'est moi!

Complète ce portrait de toi!

Je m'appelle ....

J'ai ....ans.

J'habite à ....

Attache une photo de toi ici, si possible.

J'ai … *(Note les choses que tu as, écris* **X** *si tu n'as pas ça.)*
(I have …) **Exemples:** ***deux*** chien(s) **X** chat(s)

1 ....chien(s)

2 ....chat(s)

3 ....lapin(s)

4 ....hamster(s)

5 ....oiseau(x)

6 ....poisson(s)

7 ....ordinateur(s)

8 ....lecteur(s) de CDs

9 ....frère(s)

10 ....sœur(s)

Écris ***j'aime*** *ou* ***je n'aime pas****.*

.... les animaux

.... les oiseaux

.... les chiens

.... les chats

.... le cinéma

.... la télévision

.... la radio

.... la musique

.... le sport

.... jouer sur l'ordinateur

Tu comprends?

1 Ma chambre

Écoute la cassette et colorie la chambre.

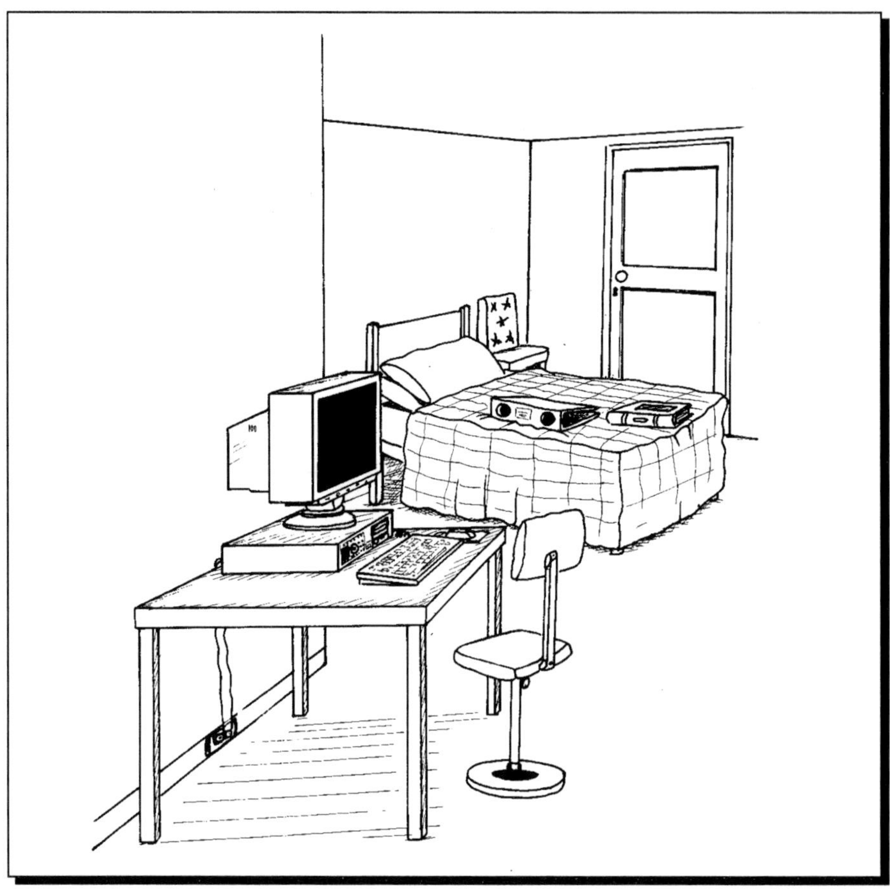

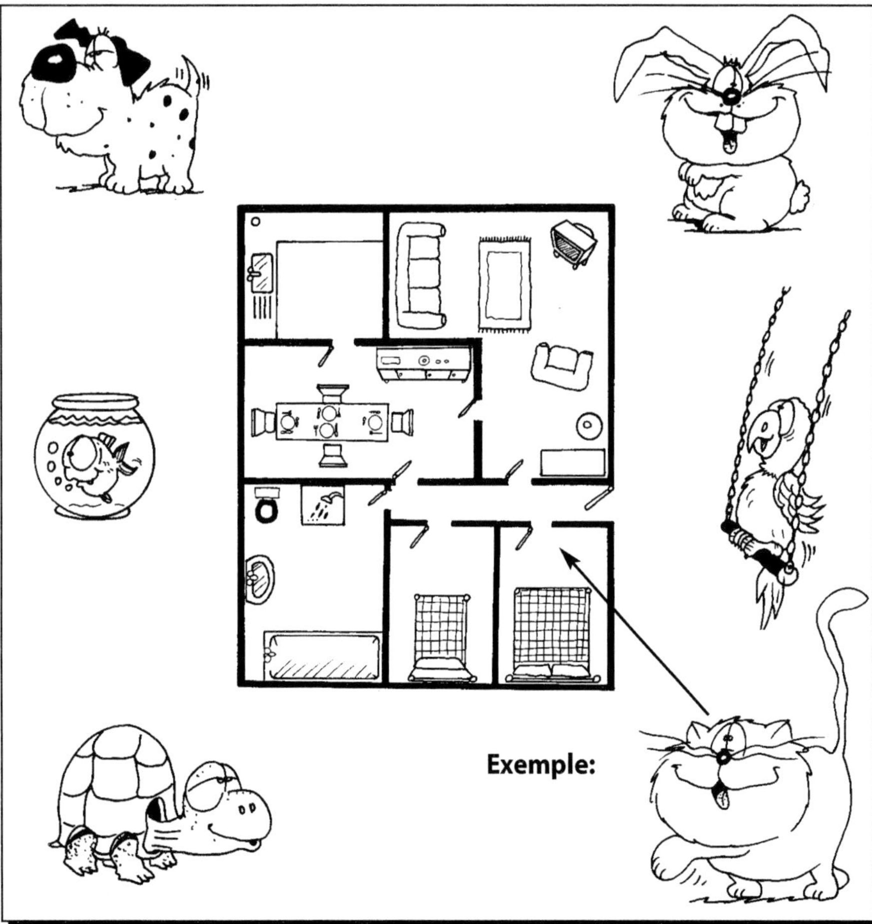

2 Où sont les animaux?

Voici un plan de notre appartement. Il y a un animal dans chaque pièce. Écoute et dessine une flèche.

3 Qu'est-ce que c'est?

Écoute et écris des lettres. Il y a un mot qui ne va pas avec les autres. Souligne le mot.

Exemple: 1 d i m a n c h e

1 _ _ _ _ _ _ _ _

2 _ _ _ _ _ _ _ _

3 _ _ _ _ _ _ _ _

4 _ _ _ _ _ _ _ _ _ _ _ _

5 _ _ _ _ _

6 _ _ _ _ _

SOMMAIRE

Now you can ...

- **talk about animals and pets**

Est-ce que tu as un animal à la maison?	Have you a pet at home?
Oui, j'ai un chat/chien/etc.	Yes, I have a cat/dog/etc.

Remember: *je* (or *j'*) means 'I', e.g.

je préfère	I prefer
j'ai	I have
j'aime	I like

- **describe animals and other things, especially their colour and size**

De quelle couleur est-il/elle?	What colour is he/she/it?
Il/Elle est gris(e).	He/She/It is grey.
Est-ce qu'il/elle est gros(se)?	Is he/she/it big?
Il/Elle est gros(se).	He/She/It is big.
Il/Elle est comment?	What is he/she/it like?
Il/Elle est petit(e).	He/She/It is small.

les couleurs		**colours**
masculin	*féminin*	
noir	*noire*	black
bleu	*bleue*	blue
brun	*brune*	brown
vert	*verte*	green
gris	*grise*	grey
rouge	*rouge*	red
blanc	*blanche*	white
jaune	*jaune*	yellow

la taille	**size**
Il est (très) grand.	He is (very) big/tall.
Elle est (assez) grande.	She is (quite) big/tall.

petit	*petite*	small
gros	*grosse*	big, fat
énorme	*énorme*	enormous

- **other qualities**

Il est méchant.	He is bad/naughty.
Elle est méchante.	She is bad/naughty.
Il est mignon.	He is sweet.
Elle est mignonne.	She is sweet.

- **say what you like/dislike/prefer**

	Est-ce que tu aimes ...?	Do you like ...?
♡	*J'aime ...*	I like ...
♡+	*(Oui), j'aime beaucoup ...*	I like ... a lot
♡♡	*J'adore ...*	I love ...
♡✓	*Je préfère ...*	I prefer ...
♡–	*(Non), je n'aime pas beaucoup ...*	I don't like ... much
♡̸	*(Non), je n'aime pas ...*	I don't like ...
♡̸♡̸	*Je déteste ...*	I hate ...

les animaux	**animals/pets**
un chat	cat
un cheval	horse
un chien	dog
un cochon d'Inde/cobaye	guinea pig
un hamster	hamster
un lapin	rabbit
un oiseau	bird
un perroquet	parrot
un poisson (rouge)	(gold) fish
une souris	mouse
une tortue	tortoise

- **say 'you' correctly in French**

- **use the French alphabet and ask how to spell things**

–Comment tu t'appelles?	What is your name?
–Hortense.	Hortense.
–Comment ça s'écrit?	How do you spell that?/ How's it written?
–H-O-R-T-E-N-S-E.	H-O-R-T-E-N-S-E.

- **ask questions in French**

To make a sentence into a question, add *Est-ce que* to the beginning, e.g.

Est-ce que tu habites dans une maison?	Do you live in a house?
Est-ce que vous aimez le sport?	Do you like sport?

- **recognise and use the singular form of the verb *avoir***

j'ai	I have
tu as	you have
il/elle a	he/she/ it has

ÉPREUVE: Écouter

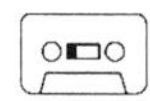

A Les animaux

Écoute et écris les lettres dans l'ordre.

Ex.
1 ...b...
2 ....
3 ....
4 ....
5 ....
6 ....

e f

B Comment ça s'écrit?

Écoute et écris les les mots.

Ex. 1 ...Vanille... 2 .... 3 .... 4 .... 5 .... 6 ....

5

C C'est quelle image?

Écoute et coche l'image correcte.

Ex.1 a ☑

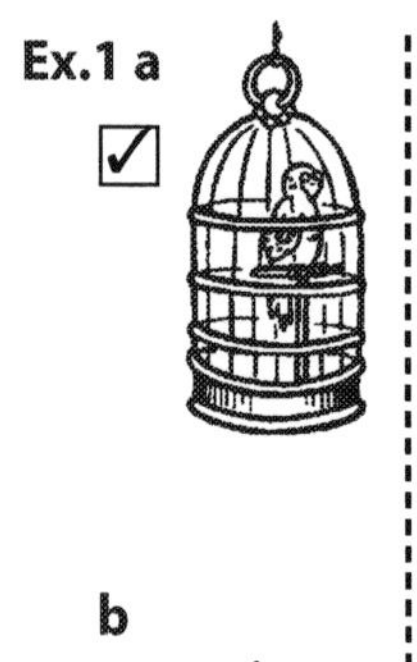

2 a ☐

3 a ☐

4 a ☐

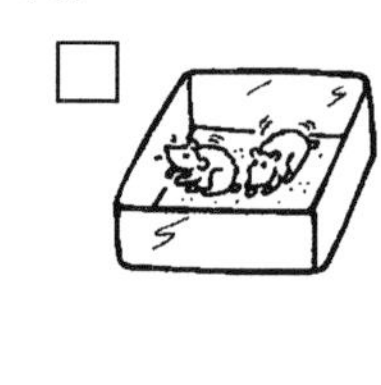

5a ☐

6 a ☐

b ☐

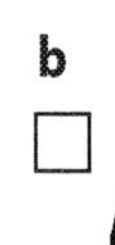

b ☐

b ☐

b ☐

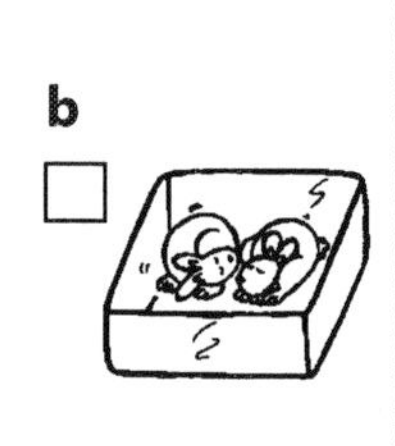

b ☐

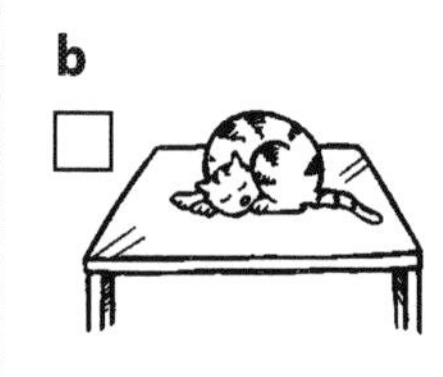

b ☐

D Un sondage – Aimez-vous les chiens?

Écoute les opinions sur les chiens et écris la bonne lettre.

Ex. 1 ...a... 2 .... 3 .... 4 .... 5 .... 6 ....

a ♡ (Oui) J'aime
b ♡♡ J'adore
c ♡̸ (Non), je n'aime pas
d ♡̸♡̸ Je déteste

5

TOTAL

ÉPREUVE: Lire

A Les animaux et les couleurs

Lis le texte et colorie les images.

1

Voilà un chat noir.

2

Le petit oiseau est vert.

3

Mon perroquet est bleu et orange.

4

Voici mes souris. Elles sont grises.

5

Regarde ce poisson. Il est rouge et jaune.

__ / 7

B C'est quelle description?

*Écris **a** ou **b**.* **Ex. 1** ..b.......... **2** .... **3** .... **4** .... **5** .... **6** ....

1

a Dans la cuisine, il y a un chien et un chat.
b Dans la cuisine, il y a un chat et deux chiens.

2

a Minnie, ma souris, est dans sa cage.
b Minnie, ma souris, est dans le jardin.

3

a Mon perroquet n'est pas très grand mais il est très méchant.
b Mon perroquet est petit et il est très mignon.

4

a La tortue est dans le jardin.
b Les tortues sont dans le jardin.

5

a Le poisson déteste le chat.
b Le poisson adore le chat.

6

a Regardez! Il y a un oiseau noir et un oiseau blanc.
b Voici deux oiseaux. Ils sont noirs.

__ / 5

C Chez la famille Marchadier

*Lis la description. Écris **V** (vrai) ou **F** (faux) pour chaque phrase.*

Je m'appelle André Marchadier et j'habite dans un village avec ma femme, Marie, et mes deux enfants, Denis et Élisabeth. Notre maison est assez petite, mais nous avons beaucoup d'animaux.

Nous avons un grand chien Max. Il est noir et blanc. Il y a aussi notre chat Mocca. Il est mignon. Notre fils, Denis, a deux lapins Flip et Flop. Flip est noir et Flop est gris. Notre fille a un oiseau vert et jaune. Nous aimons beaucoup les oiseaux.

1 Le père de la famille s'appelle André. ..V.......... **(Ex.)**
2 La mère s'appelle Marie. ....
3 La maison n'est pas grande. ....
4 Le chien s'appelle Mocca. ....
5 Max est blanc et noir. ....
6 Le chat est un peu méchant. ....
7 Flip est un lapin gris. ....
8 Élisabeth aime les oiseaux. ....
9 L'oiseau est bleu et jaune. ....

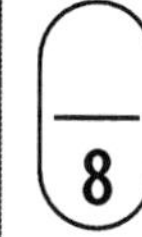
__ / 8

TOTAL

__ / 20

ÉPREUVE: Écrire et grammaire

A Un serpent

Trouve et copie le mot correct pour chaque image.

Ex. un chien.......... une .... un .... un ....

un .... une .... un ....

/6

B Masculin ou féminin?

Écris le mot correct.

1 J'ai un chat. Il est ......petit...... (petit/petite). (**Ex.**)

2 Regarde la tortue. Elle est .... (mignon/mignonne).

3 Ma maison est assez .... (grand/grande).

4 La Rochelle est une ville très .... (joli/jolie).

5 Ma sœur a une souris. Elle est .... (blanc/blanche).

6 Mon frère a six ans mais il est .... (grand/grande) pour son âge.

7 Regarde mon lapin. Il est très .... (gros/grosse).

/6

C Des questions

Invente:

A 2 questions pour ton professeur.

Exemple: *Est-ce que vous aimez le sport?*

B 2 questions pour ton ami(e).

Pour t'aider

Est-ce que tu préfères .... ou .... ?
Vous aimez ...., Monsieur/Madame/Mlle.?
Est-ce que tu aimes .... ?
Est-ce que vous aimez .... ?

les animaux	**la télévision**	**le cinéma**
les tarentules	**les livres**	**les jeux vidéo**
les oiseaux	**le sport**	**la musique**

/8

TOTAL

/20

Des dates A

Travaillez à deux.
Tu as des détails des événements dans l'année, mais les détails ne sont pas complets.
Pose des questions à ton/ta partenaire pour trouver les autres détails.

Ton partenaire commence.
Exemple:

C'est quand, le concert?

C'est le 13 février.

a janvier 6 Ste Mélanie	**b** février 13 .... concert	**c** mars 15 Ste Louise	**d** avril .... St Robert
e mai 8 l'anniversaire de Claire	**f** juin .... St Kévin	**g** juillet 12 l'anniversaire de Luc	**h** août .... Ste Hélène
i septembre 9 St Alain	**j** octobre .... film	**k** novembre 11 match	**l** décembre .... St David

Des dates B

Travaillez à deux.
Tu as des détails des événements dans l'année, mais les détails ne sont pas complets.
Pose des questions à ton/ta partenaire pour trouver les autres détails.

Tu commences.
Exemple:

C'est quand, la fête de Mélanie?

C'est le 6 janvier.

a janvier 6 .... Ste Mélanie	**b** février 13 concert	**c** mars .... Ste Louise	**d** avril 30 St Robert
e mai .... l'anniversaire de Claire	**f** juin 3 St Kévin	**g** juillet .... l'anniversaire de Luc	**h** août 18 Ste Hélène
i septembre .... St Alain	**j** octobre 16 film	**k** novembre .... match	**l** décembre 29 St David

être

1 Où est tout le monde?

M. et Mme Laval cherchent leurs enfants. Où sont-ils? Remplis les blancs.

Exemple: êtes

1 ....

2 ....

3 ....

4 ....

5 ....

6 ....

7 ....

Pour t'aider

être	***to be***		
je suis	*I am*	nous sommes	*we are*
tu es	*you are*	vous êtes	*you are*
il/elle est	*he/she is*	ils/elles sont	*they are*

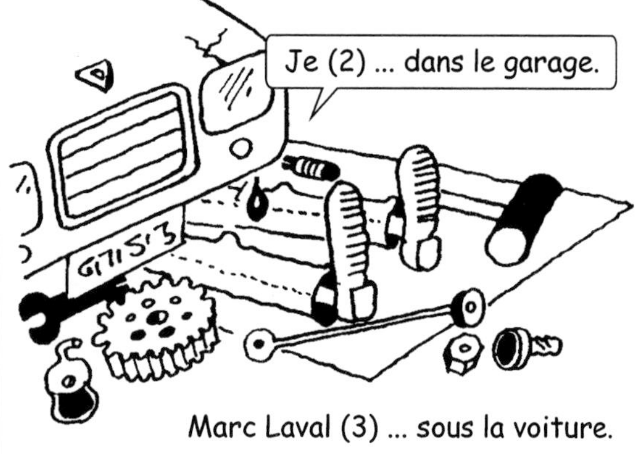

Marc Laval (3) ... sous la voiture.

Luc et Nicole (5) ... dans l'arbre.

Sophie (6)... dans la salle de bains.

Pierre (7)... dans sa chambre.

2 Questions

Complète les questions.

Exemple: 1 Quel jour sommes- nous?

1 Quel jour ....- nous?

2 Où .... le chien?

3 Tu .... dans ta chambre?

4 Les chats, où ....-ils?

5 ....-tu enfant unique?

6 Elle .... comment, ta maison?

7 Vous .... dans le jardin?

8 Est-ce que ta mère .... là?

3 Réponses

Complète les réponses.

Exemple: a Oui, je suis fils unique.

a Oui, je .... fils unique.

b Oui, je .... dans ma chambre.

c Non, elle n'.................. pas là.

d Ils .... dans la cuisine.

e C'.................. une petite maison blanche.

f Il .... dans la salle de séjour.

g C'.................. le 9 avril.

h Oui, nous .... dans le jardin.

4 Trouve les paires

Regarde les activités 2 et 3 et trouve les paires.

Exemple: 1 g

1 ......

2 ......

3 ......

4 ......

5 ......

6 ......

7 ......

8 ......

Des vêtements

1 		7 	
2 		8 	
3 		9 	
4 		10 	
5 		11 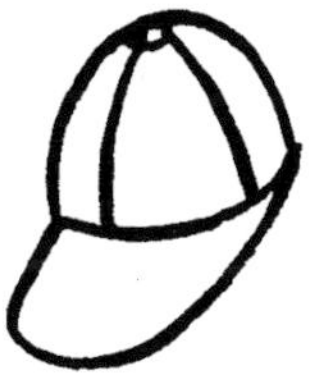	
6 		12 	

Des vêtements

Écris le bon texte pour chaque image.
Exemple: 1E (*des chaussettes*)

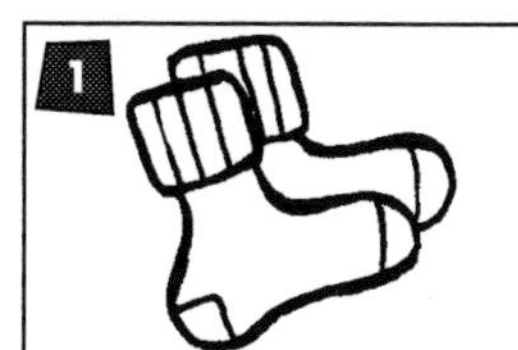	*des chaussettes*

A un pantalon
B un short
C un T-shirt
D un pull
E des chaussettes
F des chaussures
G une cravate
H une jupe
I des baskets
J une casquette
K un jogging
L une robe

Jeux de vocabulaire

1 Mots mêlés

Trouve les 12 mois.

j	a	n	v	i	e	r	l	d	o
u	b	d	o	c	l	i	a	é	m
i	f	h	n	v	r	p	o	c	a
l	é	è	t	v	e	j	û	e	i
l	v	o	a	y	h	m	t	m	t
e	r	s	j	u	i	n	b	b	u
t	i	s	o	c	t	o	b	r	e
s	e	p	t	e	m	b	r	e	e
y	r	g	m	a	r	s	k	u	x

2 Sept vêtements

Écris les vêtements.

1
2
3
4
5
6
7

3 Qu'est-ce qu'on dit?

Trouve les paires.
Exemple: 1d

1 .... **2** .... **3** .... **4** .... **5** .... **6** ....

1 Bonne fête, Luc
2 Joyeuses Pâques
3 Bonne Année
4 Bon anniversaire
5 Poisson d'avril
6 Joyeux Noël

4 Un jour important

Qu'est-ce qu'on dit?

1 Bon a...

2 Voici un petit  pour toi.

3 C'est très g...

4 Une ... 

5 M... **6** b...

7 De r...

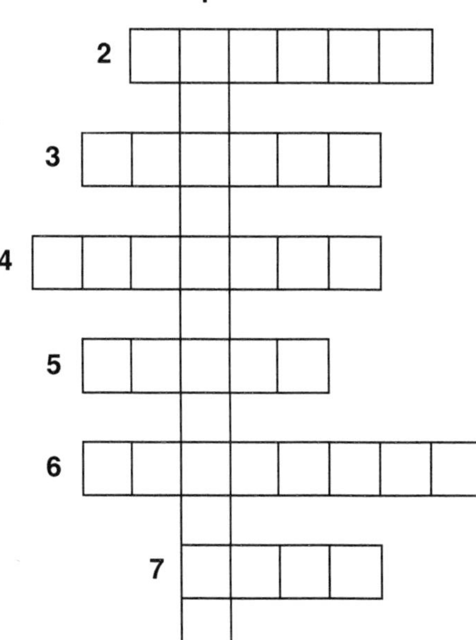

Des cadeaux et des vêtements

1 Questions et réponses

Trouve les paires.
Exemple: 1e

Questions
1 Quel jour sommes-nous?
2 C'est quand, ton anniversaire?
3 Quel âge as-tu?
4 Qu'est-ce qu'on t'a offert?
5 Il est comment, ton T-shirt?
6 La trousse, de quelle couleur est-elle?

Réponses
a J'ai douze ans.
b Il est rouge.
c Elle est verte.
d Mon anniversaire est le 19 mars.
e Aujourd'hui, c'est le 21 mars.
f On m'a offert un T-shirt et une trousse.

2 Conversations au choix

Jette un dé ou choisis des numéros entre 1 et 6 pour faire des conversations.
Exemple:

A  B 

C  D 

– Qu'est-ce qu'on t'a offert?
– (**A4**) Un T-shirt.
– De quelle couleur est-il?
– (**B3**) Il est jaune. Et toi, qu'est-ce qu'on t'a offert?
– (**C2**) Une souris en plastique.
– De quelle couleur est-elle?
– (**D1**) Elle est noire.

A
1 un oiseau
2 un pantalon
3 un sac à dos
4 un T-shirt
5 un stylo
6 un pull

B
1 blanc
2 rouge
3 jaune
4 bleu
5 vert
6 brun

C
1 une raquette de tennis
2 une souris en plastique
3 une trousse
4 une perruche
5 une calculette
6 une robe de chambre

D
1 noire
2 bleue
3 grise
4 verte
5 blanche
6 rouge

3 Qu'est-ce qu'il y a dans la valise?

Écris une liste de tous les vêtements qui, dans la valise, vont par deux.
Exemple: *deux T-shirts, ...*
Puis choisis une couleur ou colorie ces vêtements et décris-les.
Exemple: *Les T-shirts sont blancs.*

Une lettre pour dire « merci »

1 La lettre

Barre les mots incorrects.
Exemple: Il est ~~**fantastiques**~~/ **fantastique.**

Chère Suzanne,

Merci bien pour le CD. Il est **fantastiques/fantastique**. J'adore la musique de Citron Pressé.

Pour mon anniversaire, on m'a offert des cadeaux **magnifique/magnifiques**.

On m'a offert un pantalon **gris/grise**, un sac **jaune/jaunes**, un T-shirt **rouge/rouges** et des chaussures **noirs/noires**.

Mon **petit/petite** frère m'a offert une trousse **vert/verte** et un crayon **énorme/énormes**.

Ma **petite/petites** sœur m'a offert des chaussettes **bleus/bleues** et un stylo **blanc/blanche**.

Même Tigre, mon **gros/grosse** chat **brun/bruns** et **blanc/blanche**, m'a offert un cadeau - une **petite/petites** souris **blanc/blanche** en chocolat. Comme il est **intelligent/intelligents**, ce chat!

À bientôt,

Dominique

2 Trouve les erreurs

Souligne les mots incorrects et écris les mots corrects.
Exemple: 1 Dominique <u>déteste</u> le groupe "Citron Pressé". *aime/adore*

1 Dominique déteste le groupe "Citron Pressé". ....
2 C'est la fête de Dominique. ....
3 Il a sept cadeaux. ....
4 Parmi ses cadeaux, il a des chaussures vertes. ....
5 Dominique a une sœur et un beau-frère. ....
6 Tigre est un lapin. ....
7 Il est noir et blanc. ....
8 C'est un animal stupide. ....

3 5-4-3-2-1

Trouve ces mots dans la lettre.

Cinq couleurs **5** ....
....

Quatre vêtements **4** ....
....

Trois adjectifs (mais pas les couleurs) **3** ....

Deux membres de la famille **2** ....

Une chose utile en classe **1** ....

avoir

1 avoir – to have

Complète le tableau.

	singular			plural	
j'	....	*I have*	....	avons	*we have*
....	as	*you (friendly) have*	vous	....	*you (polite) have*
il	....	*he (or it) has*	....	ont	*they (masculine or mixed group) have*
....	a	*she (or it) has*	elles	....	*they (feminine) have*

2 En classe

Trouve les paires.

Exemple: 1e 2 ...... 3 ...... 4 ...... 5 ...... 6 ......

1	Nous ...	**a**	ai des livres, des cahiers et une trousse.
2	Il ...	**b**	a un dictionnaire?
3	Qu'est-ce que tu ...	**c**	avez une disquette, s'il vous plaît?
4	J'...	**d**	as dans ton cartable?
5	Est-ce que vous ...	**e**	avons un nouveau prof de français.
6	Est-ce que Sophie ...	**f**	a un ordinateur de poche.

3 Des questions et des réponses

A *Complète les questions.*

Exemple: 1 Quel âge ..as.. –tu?

1 Quel âge .... –tu?
2 Est-ce que tu .... des frères ou des sœurs?
3 Est-ce que vos grands-parents .... un ordinateur?
4 Ta mère, est-ce qu'elle .... une calculette?
5 Est-ce que vous .... des jeux électroniques?
6 Ton ami, est-ce qu'il .... des cédéroms?

B *Complète les réponses.*

Exemple: 1 Oui, ils ..ont.. un ordinateur.

a Oui, ils .... un ordinateur.
b Oui, elle .... une calculette.
c Oui, il .... beaucoup de cédéroms.
d Oui, nous .... beaucoup de jeux.
e J'............... douze ans.
f J'............... une sœur.

C *Trouve les paires.*

Exemple: 1e

1 ......
2 ......
3 ......
4 ......
5 ......
6 ......

4 Mots croisés

Horizontalement

1 Nous ..... beaucoup de cadeaux.
3 Moi, j'..... le cadeau de maman.
5 Et toi, ... as le cadeau de papa, non?
7 Est-ce qu'il y ..... un cadeau pour le hamster?
8 Demande à Sophie et Claire – ..... organisent les cadeaux pour les animaux.

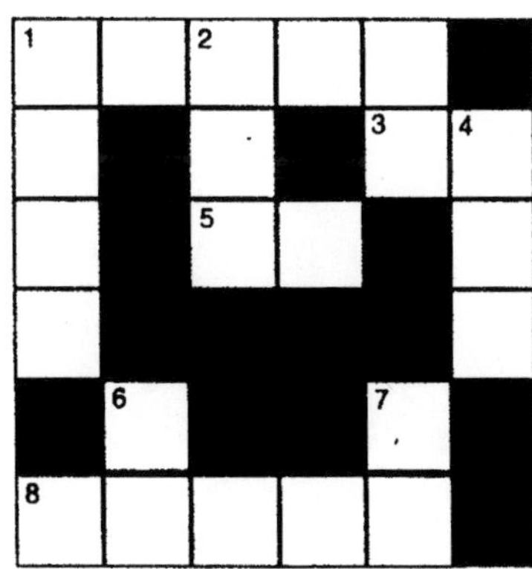

Verticalement

1 Vous ..... un nouveau sac de sport.
2 Et les filles ..... des raquettes de tennis.
4 Et les garçons, ... ont des balles.
6 Et le hamster, ... a une petite balle aussi.
7 Est-ce que tu ..... un ballon de football?

Tu comprends?

1 C'est quand?

Écoute et complète les détails.
Exemple: 1 *août*

1

2

3

4

5

6

Pour t'aider

les mois	
janvier	juillet
février	août
mars	septembre
avril	octobre
mai	novembre
juin	décembre

2 Catherine

Écoute la description et colorie les vêtements de Catherine.

3 Des cadeaux de Noël

Écoute les conversations et écris les lettres correctes.
Exemple: 1f

a JEUX DE STRATÉGIE

b TOM et JOJO

c

d

e

f

g

h

1 ....
2 ....
3 ....
4 ....
5 ....
6 ....
7 ....
8 ....

SOMMAIRE

Now you can ...

- **ask for and give the date**

Le combien sommes-nous?	What's the date?
Nous sommes le deux mai.	It's the 2nd of May.
Quelle est la date aujourd'hui?	What's the date today?
C'est le trente août.	It's the 30th of August.
C'est quand, le concert/ le match?	When is the concert/the match?
C'est le mardi premier juin.	It's Tuesday the first of June.
C'est quand, ton anniversaire?	When is your birthday?
C'est le dix-neuf juillet.	It's the 19th of July.
Quelle est la date de ton anniversaire?	When is your birthday?
Mon anniversaire est le quinze mars.	My birthday is on the 15th of March.

les mois

janvier	mai	septembre
février	juin	octobre
mars	juillet	novembre
avril	août	décembre

- **talk about special days**

le jour de l'An	New Year's Day
la Fête Nationale	Bastille Day (14th July)
Pâques	Easter
Noël	Christmas
Mardi gras	Shrove Tuesday

- **understand and give greetings**

Bonne Année	Happy New Year
Joyeuses Pâques	Happy Easter
Joyeux Noël	Happy Christmas
Bon anniversaire	Happy Birthday
Bonne fête	Best Wishes on your Saint's Day

- **talk about presents**

Voici un petit cadeau pour toi/vous.	Here is a little present for you.
C'est très gentil.	That's very kind of you.
Merci beaucoup.	Thank you very much.
De rien.	It's nothing.
Qu'est-ce qu'on t'a offert?	What were you given?
On m'a offert des vêtements.	I was given clothes.

les vêtements

baskets (f pl)	trainers
casquette (f)	baseball hat, cap
chaussette (f)	sock
chaussure (f)	shoe
cravate (f)	tie
jogging (m)	jogging trousers
jupe (f)	skirt
pantalon (m)	trousers
robe (f)	dress
short (m)	shorts
pull (m)	jumper
T-shirt (m)	T-shirt

- **use the verb *être***

je suis	*nous sommes*
tu es	*vous êtes*
il/elle est	*ils/elles sont*

- **use the verb *avoir***

j'ai	*nous avons*
tu as	*vous avez*
il/elle a	*ils/elles ont*

- **use plurals**

- **use adjectives**

ÉPREUVE: Écouter

A Les vêtements

Écoute et écris la bonne lettre.

Ex.1 ...e... **2** .... **3** .... **4** .... **5** .... **6** .... **7** ....

a 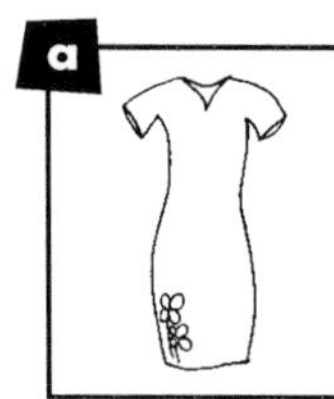 b 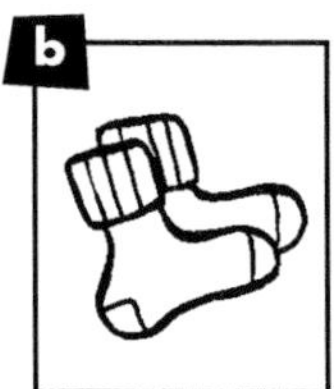 c  d  e  f 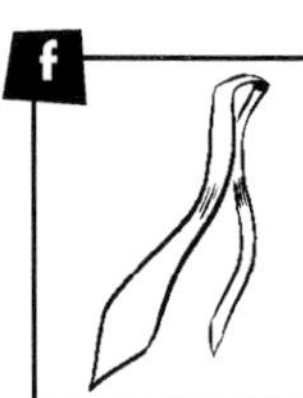 g 

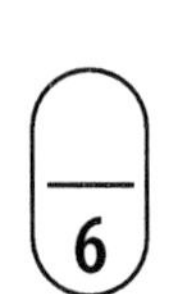

B C'est quelle date?

Écoute et écris la bonne lettre.

Ex.1 ...c... **2** .... **3** .... **4** .... **5** .... **6** .... **7** ....

a	b	c	d	e	f	g
février 22	mars 29	avril 3	juin 5	février 18	novembre 13	octobre 3

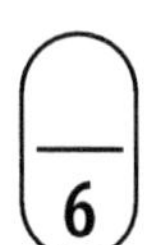

C Des cadeaux

Écoute et indique le cadeau.
Donne (en français) un détail du cadeau.

Ex.

1 a ☑  **b** ☐  **c** ☐ — petit

2 a ☐  **b** ☐  **c** ☐ ....

3 a ☐ 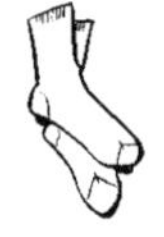 **b** ☐  **c** ☐ ....

4 a ☐  **b** ☐  **c** ☐  ....

5 a ☐  **b** ☐  **c** ☐  ....

TOTAL

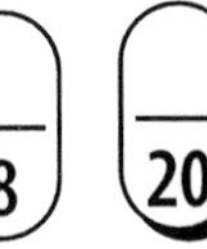

ÉPREUVE: Lire

A Pierre

Lis la description et colorie les vêtements et le sac de Pierre.

Pierre porte un T-shirt rouge, un pull vert, un pantalon gris, des chaussures noires et une casquette jaune. Son sac de sport est brun.

__ / 6

B Les fêtes

Trouve les paires.

Ex.1 b 2 .... 3 .... 4 ....

5 .... 6 .... 7 .... 8 ....

1 On dit "Bon anniversaire" à Charlotte.
2 C'est le 25 décembre.
3 On mange des œufs en chocolat.
4 C'est le premier janvier.
5 C'est le quatorze juillet et il y a un grand défilé.
6 On mange des crêpes.
7 On donne une carte ou des fleurs à maman.
8 On dit "Bonne fête" à Nicolas.

a C'est Pâques.
b Charlotte a 12 ans aujourd'hui.
c C'est le Mardi gras.
d C'est le jour de l'An.
e C'est Noël.
f C'est la Fête Nationale.
g C'est la Fête des Mères.
h C'est la Saint-Nicolas.

__ / 7

C Une conversation

Lis les réponses. Trouve la bonne question.

1 – d (Ex.)
– Non, je suis enfant unique.

2 – ....
– Oui, j'aime les lapins et les hamsters, mais je déteste les souris.

3 – ....
– Oui, nous avons deux chiens et un chat.

4 – ....
– J'ai onze ans.

5 – ....
– Mon anniversaire, c'est le huit août.

6 – ....
– Un sac de sport, un cédérom et deux places pour le concert à La Rochelle.

7 – ....
– Le concert, c'est le dix-neuf novembre.

8 – ....
– Il est bleu et gris.

Les questions

a Il est de quelle couleur, le sac?
b Quelle est la date de ton anniversaire?
c C'est quand, le concert?
d Est-ce que tu as des frères ou des sœurs?
e Qu'est-ce qu'on t'a offert?
f Quel âge as-tu?
g Est-ce que tu aimes les animaux?
h Avez-vous un animal à la maison?

__ / 7

TOTAL __ / 20

ÉPREUVE: Écrire et grammaire

A C'est quand?

Complète la date.

1 *Pâques* C'est le 8 a.vril........ (Ex.)
2 **Le jour de l'An** C'est le 1er j....................
3 *la Saint-Valentin* C'est le 14 f......................
4 la Fête Nationale C'est le 14 j....................
5 *Noël* C'est le 25 d.........................

Pour t'aider

les mois

janvier	mai	septembre
février	juin	octobre
mars	juillet	novembre
avril	août	décembre

B Une liste de cadeaux

Choisis un cadeau différent pour chaque personne.

Grand-père Laurent ..un cédérom....... (Ex.)
M. Laurent ....
Mme Laurent ....
Louise (14 ans) ....
Thomas (12 ans) ....
Daniel (10 ans) ....

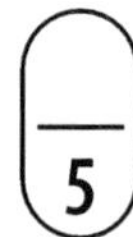

C À la maison

Complète les phrases avec les mots dans la case.

1 Nous ..avons.... un ordinateur à la maison.
2 Mes frères .... une console dans leur chambre.
3 Est-ce que vous .... un ordinateur ou une console?
4 Nos deux chiens .... dans le jardin.
5 Le chat .... dans ma chambre.
6 Nous .... dans la salle à manger.

sommes
ont
sont
avez
avons
est

D Un message électronique

Lis les extraits du message et écris des réponses.

1
```
Mon anniversaire est le vingt
septembre.
Quelle est la date de ton
anniversaire?
```

2
```
A Noël, on m'a offert un pull
vert, des chaussettes bleues et
un livre intéressant. Et toi,
qu'est-ce qu'on t'a offert?
```

(Décris deux cadeaux différents.)

TOTAL

Le temps et les saisons

1 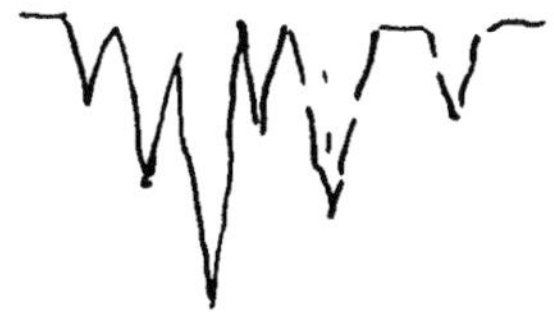		2 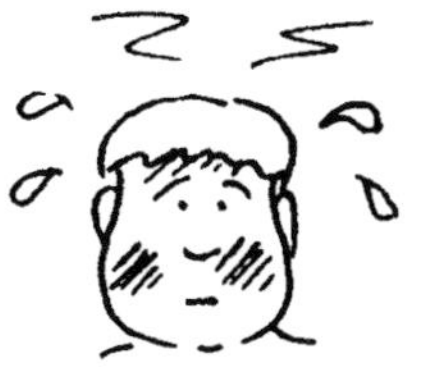	
3 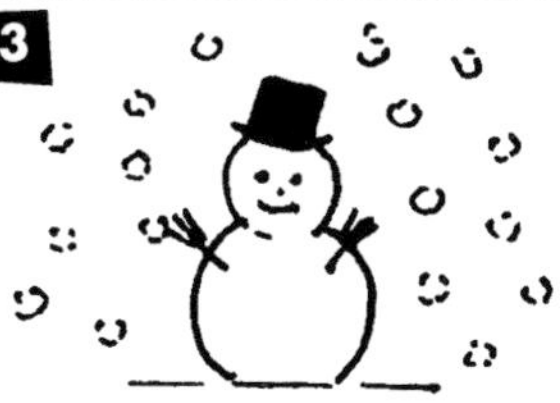		4 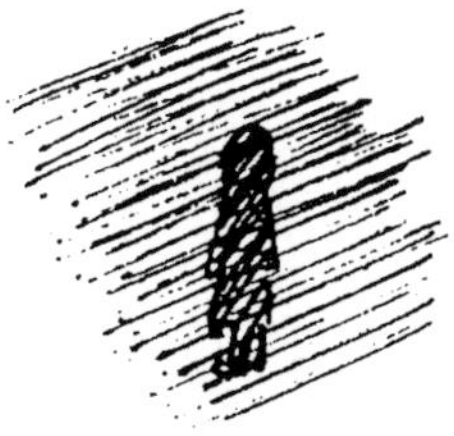	
5 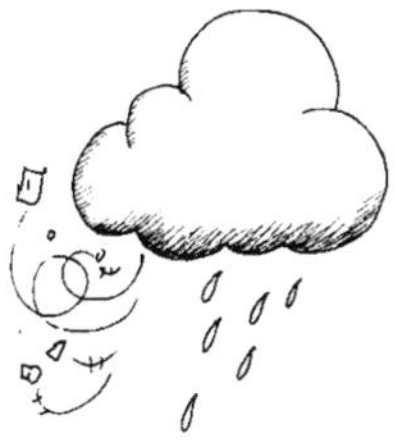		6 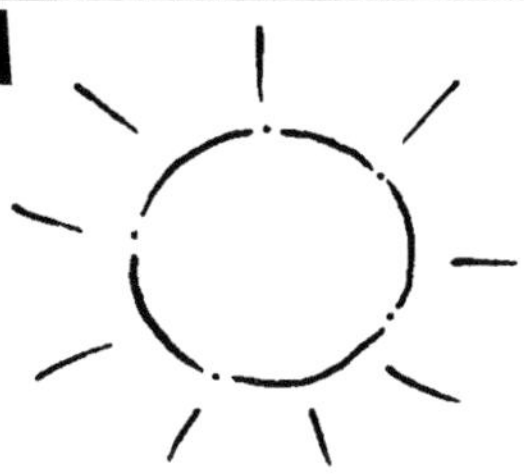	
7 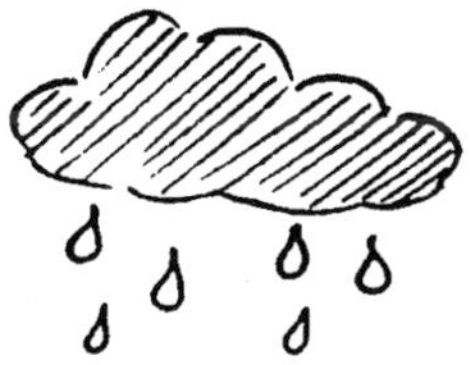		8 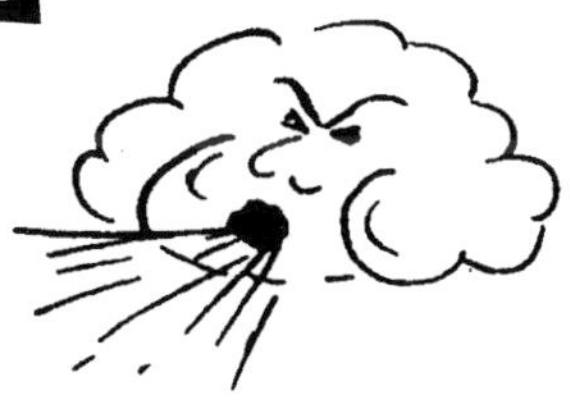	

1 Le temps

Écris le bon texte pour chaque image.
Exemple: 1E (*Il fait froid.*)

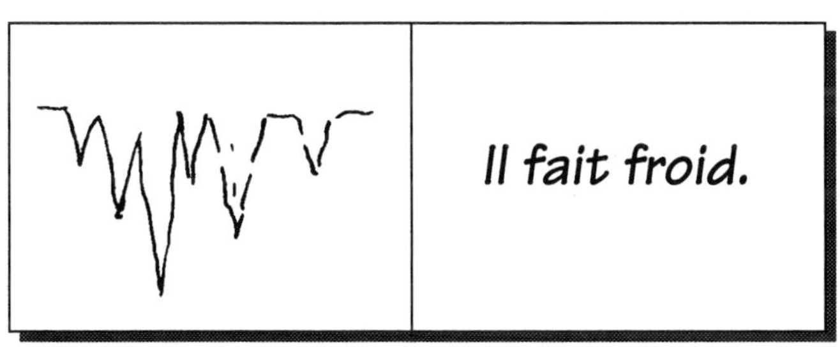

A Il fait beau.
B Il fait chaud.
C Il pleut.
D Il neige.
E Il fait froid.
F Il fait mauvais.
G Il y a du vent.
H Il y a du brouillard.

2 Les saisons

a *Complète la liste.*

1 Le printemps ....
2 L'.. (*m*) summer
3 L'automne (*m*) ....
4 L'..(*m*) winter

b *Complète les phrases.*

1 Au printemps, il fait ....
2 En été, il ....
3 En automne, ...
4 En ....

La France en été et en hiver

1 L'été

Pour chaque ville, mets le symbole et la température.

MÉTÉO

C'est le 28 juin. Voici la météo.
À Paris, il fait beau. Température dix-huit degrés.
À La Rochelle, il fait chaud. Température vingt et un degrés.
À Toulouse, il pleut. Température vingt-deux degrés.
À Nice, il y a du vent. Température vingt-cinq degrés.
À Grenoble, il fait mauvais. Température treize degrés.
À Strasbourg, il y a du brouillard. Température quinze degrés.

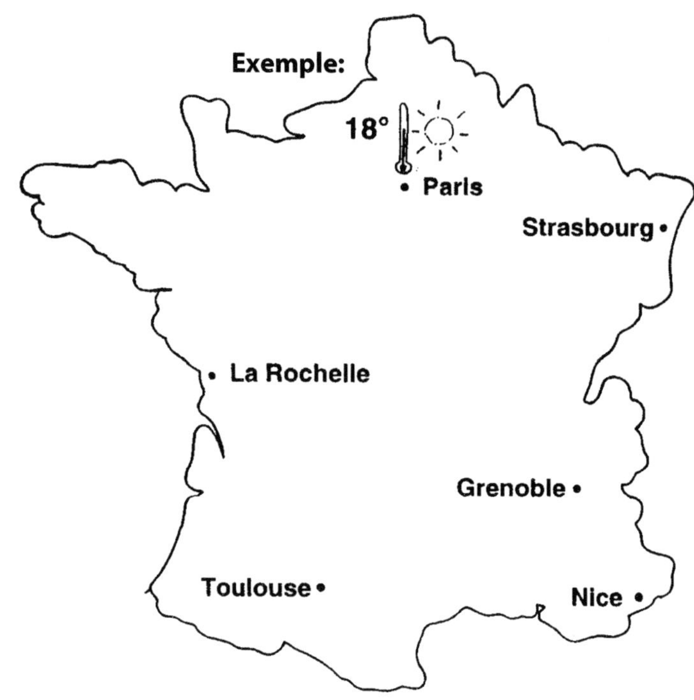

2 L'hiver

Consulte la carte pour compléter les détails.
Exemple: A Paris, *il y a du brouillard.*
Température *cinq* degrés.

MÉTÉO

C'est le 15 janvier. Voici la météo.
À Paris, ...
Température .... degrés.
À La Rochelle, ...
Température .... degrés.
À Toulouse, ...
Température .... degrés.
À Nice, ...
Température .... degrés.
À Grenoble, ...
Température .... degrés.
À Strasbourg, ...
Température .... degrés.

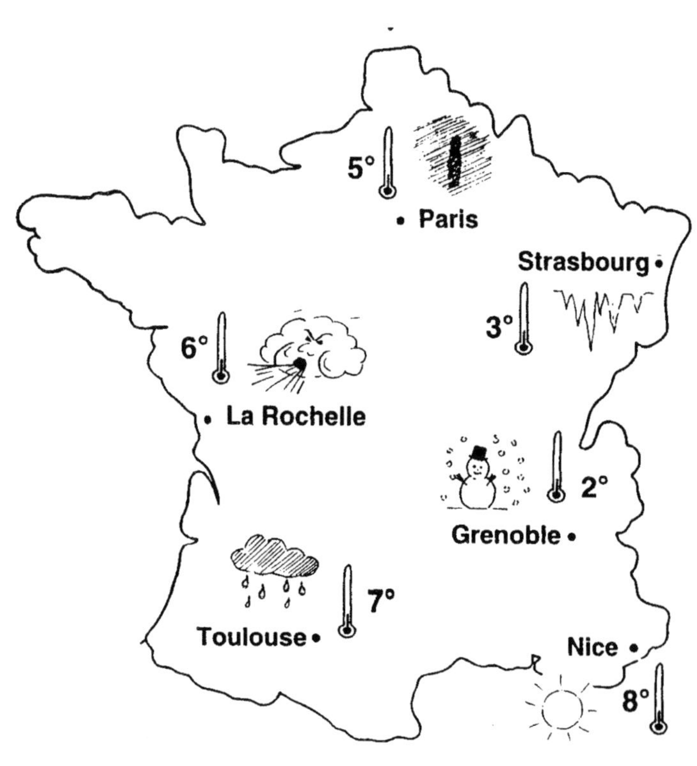

La météo A

Travaillez à deux.

Tu travailles à la météo. Voilà les détails pour aujourd'hui.
Réponds aux questions de ton/ta partenaire.
Exemple:

Quel temps fait-il à Paris?

Il fait froid.

Quelle température fait-il?

Zéro degrés.

Tu commences.
Après quatre villes, changez de rôle.

Légende	
B Il fait beau.	**P** Il pleut.
C Il fait chaud.	**N** Il neige.
F Il fait froid.	**Br** Il y a du brouillard.
M Il fait mauvais.	**S** Il y a du soleil.
	V Il y a du vent.

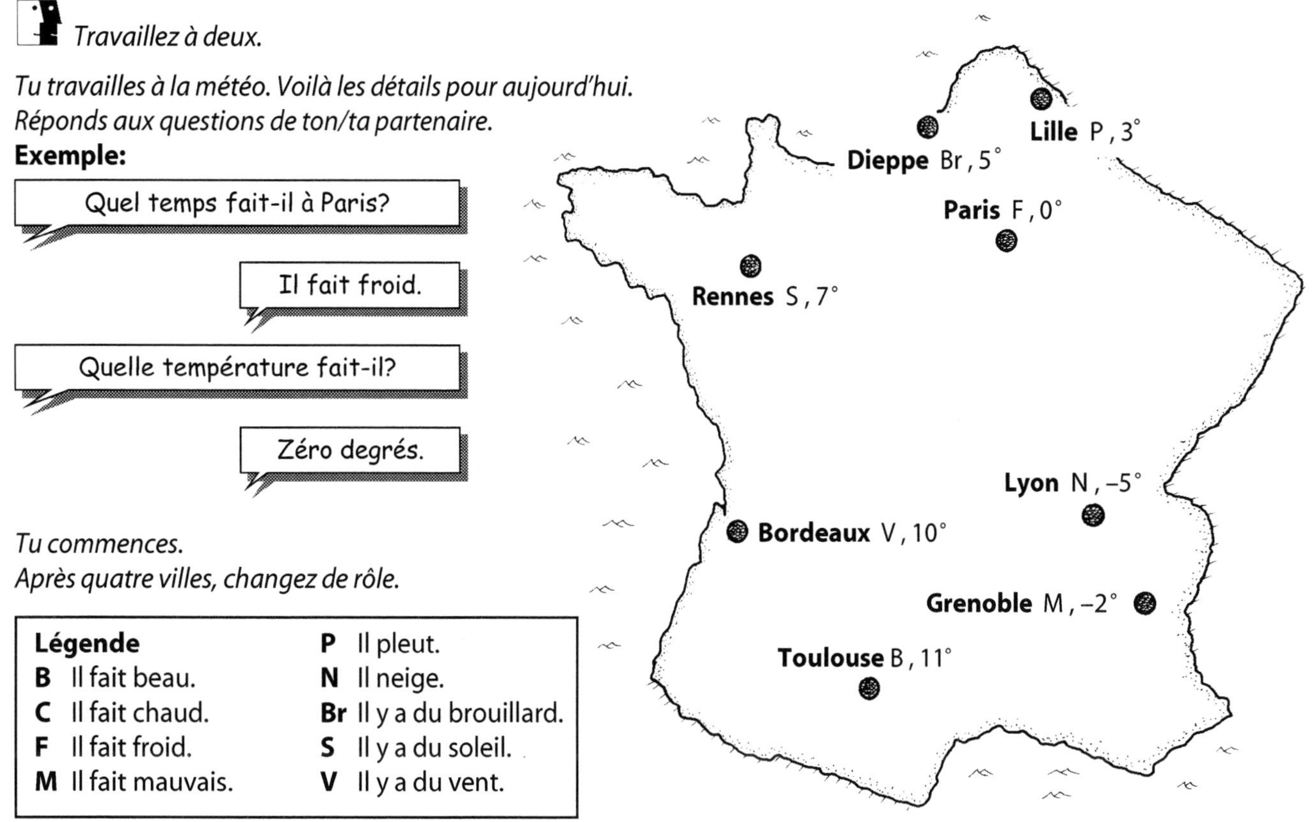

La météo B

Travaillez à deux.

Tu consultes la météo.
Pose des questions à ton/ta partenaire.
Exemple:

Quel temps fait-il à Paris?

Il fait froid.

Quelle température fait-il?

Zéro degrés.

Tu commences.
Après quatre villes, changez de rôle.

Légende	
B Il fait beau.	**P** Il pleut.
C Il fait chaud.	**N** Il neige.
F Il fait froid.	**Br** Il y a du brouillard.
M Il fait mauvais.	**S** Il y a du soleil.
	V Il y a du vent.

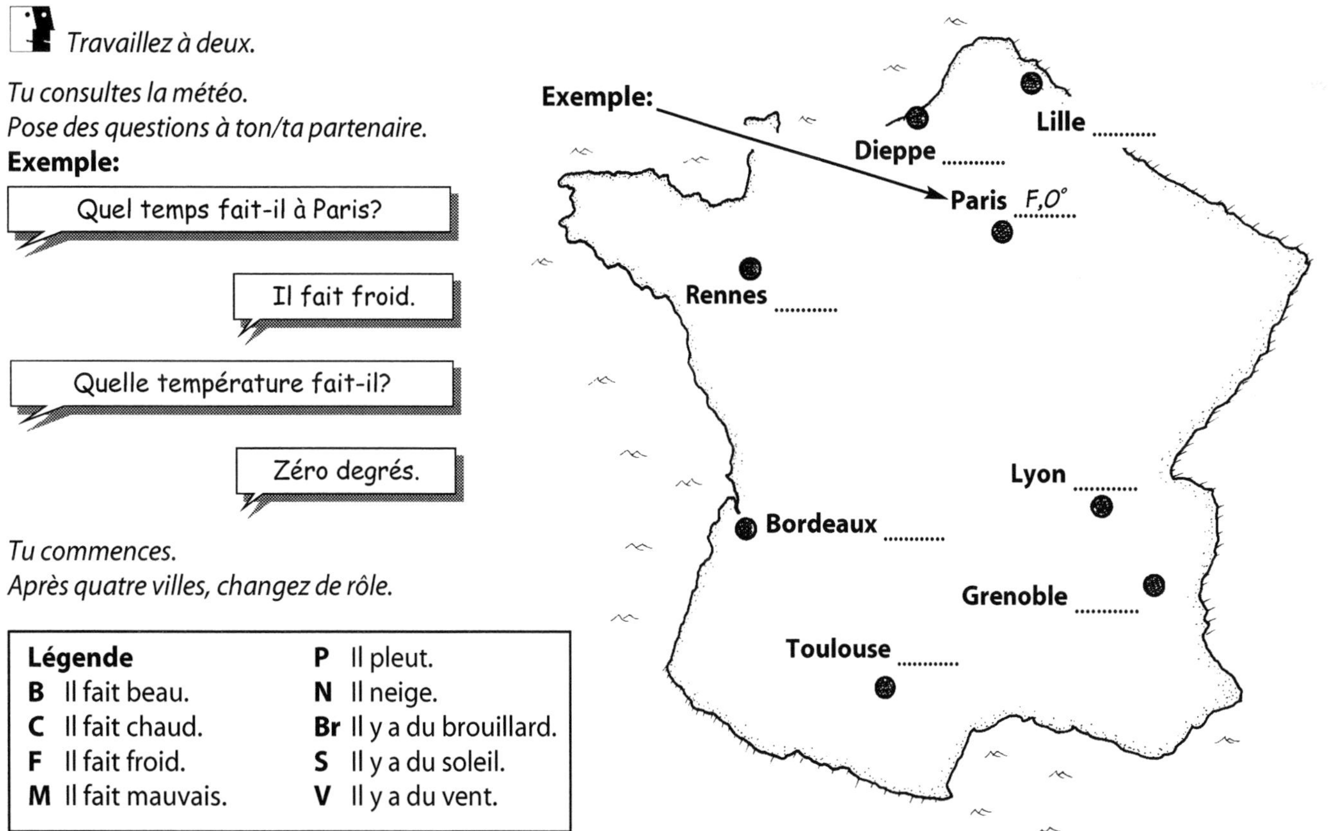

Les chiffres

1 C'est la loterie

Quels sont les billets gagnants?
Exemple: 1d

1 C'est le vingt-trois.
2 C'est le cinquante-sept.
3 C'est le quatre-vingt-cinq.
4 C'est le quatre-vingt-onze.
5 C'est le soixante-douze.
6 C'est le cent.
7 C'est le quarante-huit.
8 C'est le soixante et un.
9 C'est le cinquante-neuf.
10 C'est le trente-quatre.

a 61 NXW 231
b 85 NXW 231
c 34 NXW 231
d 23 NXW 231
e 91 NXW 231
f 57 NXW 231
g 59 NXW 231
h 100 NXW 231
i 72 NXW 231
j 48 NXW 231

2 Un message secret

Barre les numéros pour trouver le message.

s e p t r e n d e z - v o u s o n z e c e t r e i z e s o i r d o u z e a u q u a t o r z e c a f é s e i z e

Le message est ....

3 Continue comme ça

Écris le prochain numéro.
Exemple: 1 *huit* (ou *8*)

1 deux, quatre, six, ...
2 dix, neuf, huit, ...
3 trois, six, neuf, ...
4 dix, vingt, trente, ...
5 vingt-cinq, cinquante, soixante-quinze, ...
6 vingt, quarante, soixante, ...

4 Calcule

Écris le bon numéro.
Exemple: 1 *neuf* (ou *9*)

1 quatre + cinq = ...
2 huit + sept = ...
3 onze + deux = ...
4 treize + trois = ...
5 vingt – deux = ...
6 quinze – quatre = ...
7 seize – neuf = ...
8 quatorze – deux = ...
9 neuf x neuf = ...
10 huit x dix = ...
11 quatre-vingt-seize ÷ huit = ...
12 soixante-douze ÷ neuf = ...

Taper les accents français

Pour taper les accents avec un PC, il faut appuyer sur Alt *et taper les codes sur le clavier numérique.*

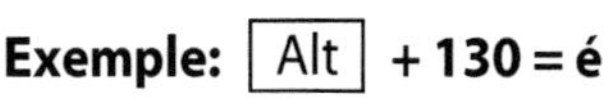
Exemple: Alt **+ 130 = é**

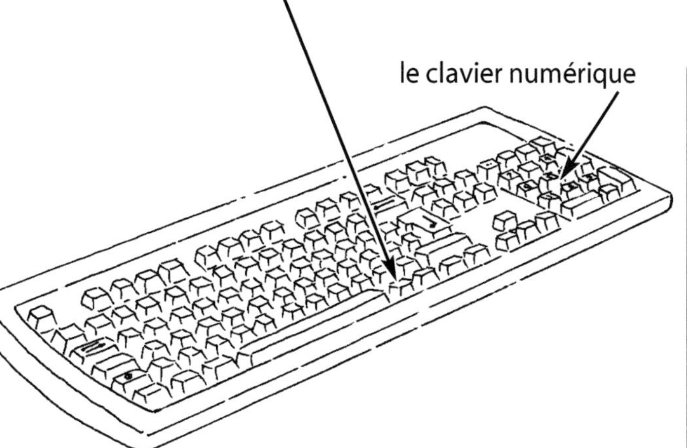

	PC	Autre système
à	133	
â	131	
ç	135	
è	138	
ê	136	
é	130	
î	140	
ô	147	
ù	151	
û	150	
œ	0156	

	PC	Autre système
À	0192	
Â	0194	
Ç	128	
È	0200	
Ê	144	
É	0201	
Î	0206	
Ô	0212	
Ù	0217	
Û	0219	

1 Mots et images

Tape les bons mots.
Exemple: 1 *un café*

1  ....
2 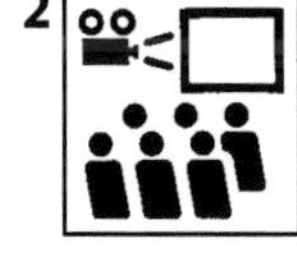 ....
3 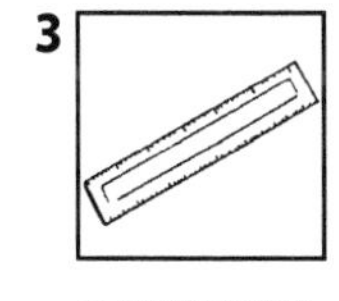 ....
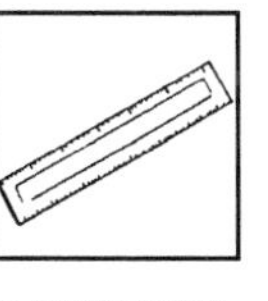
4 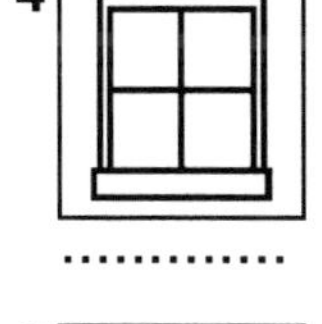 ....
5  ....
6 ....
7 ....
8 ....
9 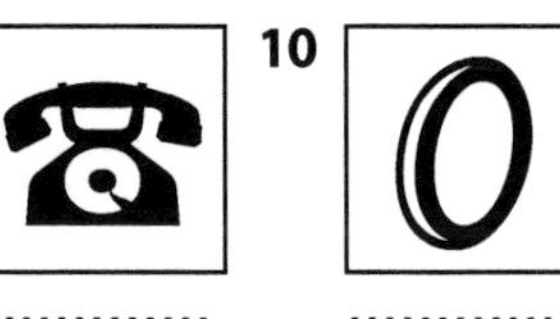 ....
10 ....

Pour t'aider

café (m) cédérom (m)
téléphone (m) cinéma (m)
magnétophone (m) règle (f)
fenêtre (f) zéro (m)
télévision (f) vidéo (f)

2 C'est quel mot?

Tape le bon mot pour compléter chaque phrase.
Exemple: 1 *âge*

1 Quel ... as-tu?
2 ... habites-tu?
3 C'est ... de Paris?
4 Quel est ton ... de ... ?
5 C'est quand, ta ... ?
6 Tu ... souvent de la musique?
7 Tu as des animaux ... la maison?
8 Quel est ton sport ... ?

à âge écoutes fête numéro
Où préféré près téléphone

3 Invente des phrases

Tape des phrases à l'ordinateur. N'oublie pas les accents!
Exemple:

En été, je préfère jouer au tennis, je déteste rester à la maison et je ne regarde pas la télévision - je n'aime pas ça.

Tom et Jojo

1 Un petit lexique

Complète la liste. Cherche dans le dictionnaire, si nécessaire.

adorer	*to love*	entrer	....
aimer	....	manger	....
arriver	....	penser	....
chasser	....	regarder	....
chercher	....	rentrer	....
détester	....	sauter	....

2 Tom et Jojo

Remplis les blancs avec la partie correcte d'un verbe dans le lexique.

Exemple: Jojo c h e r c h e du fromage.

1 Jojo c _ _ _ _ _ _ _ du fromage.

2 Tom p _ _ _ _ _ à Jojo.

3 Jojo r _ _ _ _ _ _ _ le fromage dans la cuisine.

4 Tom e _ _ _ _ _ dans la cuisine.

5 Tom c _ _ _ _ _ _ Jojo.

6 Jojo s _ _ _ _ _ .

7 Jojo r _ _ _ _ _ _ dans la cuisine.

8 Butch a _ _ _ _ _ _ et c _ _ _ _ _ _ Tom.

9 Et Jojo m _ _ _ _ _ le fromage.

10 "Je d _ _ _ _ _ _ _ _ les chats."

11 "J'a _ _ _ _ les chiens."

12 "J'a _ _ _ _ _ _ le fromage."

Les verbes

1 Puzzle

Horizontalement

1 À Noël, nous ... des chants de Noël.
2 Vous ... la télé souvent?
3 Ils ... des crêpes pour Mardi gras.
4 Elle ... dans un supermarché.
5 Tu ... de la musique souvent?
6 Le 14 juillet, les Français ... dans les rues.

Verticalement

7 Lundi, nous ... au collège.

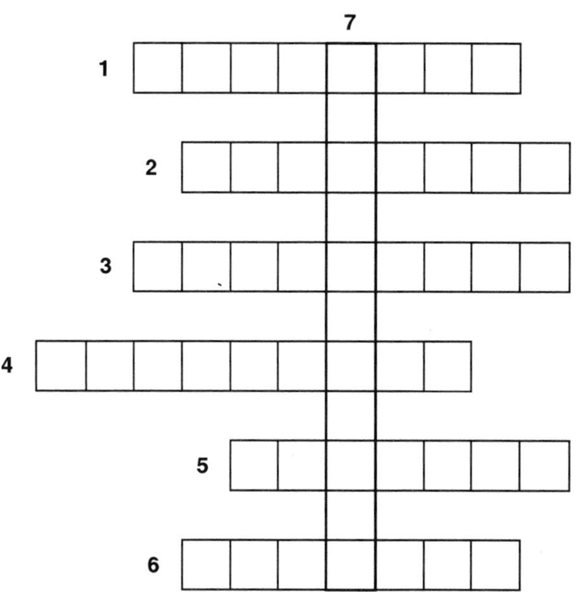

2 Qu'est-ce qu'on dit?

Complète les bulles.

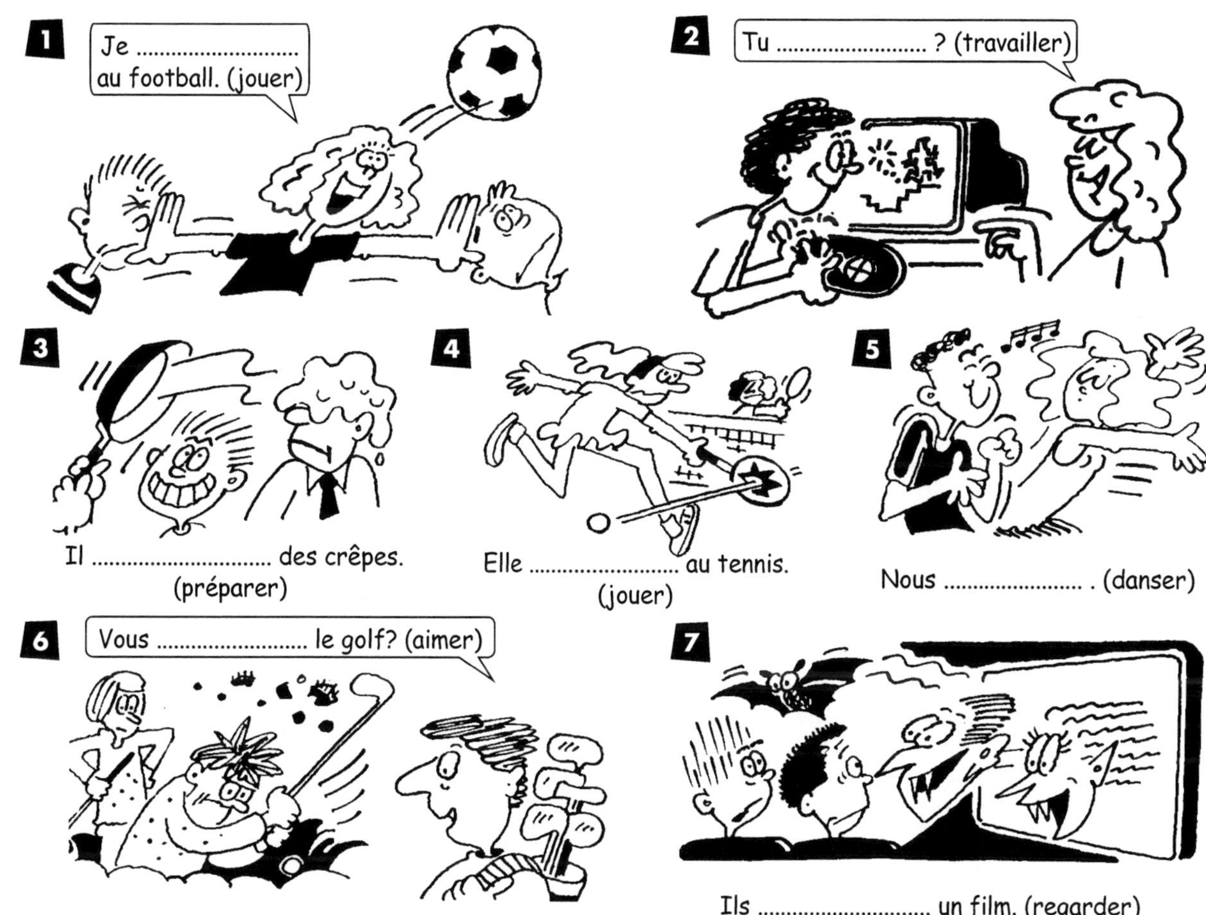

Pour t'aider

	............er	*to*			
je	............e	*I*	nous	............ons	*we* ....
tu	............es	*you*	vous	............ez	*you (plural, polite)* ....
il/elle/on	............e	*he/she/one*	ils/elles	............ent	*they* ....

Des cartes postales

1 À lire

Lis la carte postale.

Nice, le 17 octobre

Nous passons une semaine chez des amis ici.

Il fait mauvais et il pleut.

À part le temps, tout va bien.

Aujourd'hui, nous jouons au tennis de table au café.

Amitiés,

Max

Trouve les erreurs. Souligne les mots incorrects et écris les mots corrects.

Exemple: 1 Max passe un mois à Nice. une semaine

1 Max passe un mois à Nice. ....

2 C'est au mois d'août. ....

3 Il fait beau. ....

4 Il joue au volley. ....

2 À compléter

Complète la carte postale.

Bordeaux, le 12 a ____

Nous p ______ un week-end dans un hôtel ici.

C'est pour fêter l'anniversaire de mon père.

Il fait ch ___. Il y a du s ______.

C'est fantastique.

Aujourd'hui, nous j _____ au tennis.

À bientôt,

Alex

3 À écrire

Écris des cartes postales.
Voilà les détails:

Cardiff, 14/8

Édimbourg, 17/1

Tu comprends?

1 Les numéros de téléphone

Écoute et complète les détails.

Exemple: 1 Le cinéma Rex: 03 24 13 42 50

1 Le cinéma Rex: __ __ __ __ __
2 Le café Robert: __ __ __ __ __
3 Le collège: __ __ __ __ __
4 La famille Laurent: __ __ __ __ __

2 La météo

Écoute la météo et coche la bonne case.

1 Aujourd'hui, c'est **a** ☐ mardi **b** ☐ jeudi **c** ☐ samedi

2 Il fait **a** ☐ 35°c **b** ☐ 0°c

3 La température est de **a** ☐ 3 degrés **b** ☐ 13 degrés **c** ☐ 30 degrés

4 À Paris, il **a** ☐ **b** ☐

et il y a **a** ☐ **b** ☐ **c** ☐

5 Dans les Alpes, il **a** ☐ **b** ☐

et il y a **a** ☐ **b** ☐ **c** ☐

6 À Bordeaux, il y a **a** ☐ **b** ☐ **c** ☐

et il fait **a** ☐ **b** ☐

3 Comment ça s'écrit?

Écoute les sept mots.
Écris les mots, puis souligne le mot qui ne va pas avec les autres.

Exemple: 1 c h a n t e r

1 _ _ _ _ _ _ _
2 _ _ _ _ _
3 _ _ _ _ _
4 _ _ _ _ _ _
5 _ _ _ _ _ _ _
6 _ _ _ _ _ _ _ _
7 _ _ _ _ _ _ _ _ _

4 Un sondage sur le sport

Écoute les interviews et coche chaque sport mentionné.
Puis fais le total des points pour chaque sport.

Le sport le plus populaire est:

....

	le badminton	le basket	le hockey	le football	le tennis	le volley
Exemple: 1 Anne					✔	✔
2 Marc						
3 Nicole						
4 Paul						
5 Lucie						
6 Robert						
TOTAL						

SOMMAIRE

Now you can ...

- **talk about the weather**

Quel temps fait-il? What's the weather like?

Il fait	*beau.* *chaud.* *froid.* *mauvais.*	It's fine. It's hot. It's cold. The weather's bad.
Il pleut. *Il neige.*		It's raining. It's snowing.
Il y a	*du brouillard.* *du soleil.* *du vent.*	It's foggy. It's sunny. It's windy.
Le ciel est bleu.		The sky is blue.

- **talk about some sports**

Je joue	*au*	*badminton* *basket* *golf* *hockey* *football* *rugby* *tennis* *tennis de table* *volley*	badminton basketball golf hockey football rugby tennis table tennis volleyball

- **discuss other activities**

Qu'est-ce que tu fais? What are you doing?
Qu'est-ce que tu fais, le week-end, normalement? What do you normally do at weekends?
Qu'est-ce que tu fais quand il fait mauvais? What do you do when the weather's bad?

Je reste à la maison.		I stay at home.
Je regarde	*une vidéo.* *un film.* *la télévision.*	I watch a video. a film. TV.
J'écoute	*de la musique.* *la radio.*	I listen to music. the radio.

Je chante. I sing.
Je danse. I dance.
Je dessine. I draw.
Je range ma chambre. I tidy up my room.
Je joue à la console. I use the playstation.
Je travaille. I work.

Je joue/travaille sur l'ordinateur. I play/work on the computer.
Je surfe sur le Net. I surf the Net.
Je regarde mes messages électroniques/mes e-mails. I look at my e-mails.
Je tape des messages. I type messages.
Je téléphone à un(e) ami(e). I phone a friend.
Je retrouve mes amis. I meet up with my friends.
Je discute avec mes amis. I chat with my friends.
On joue aux jeux électroniques. We're playing computer games.
On joue aux cartes. We play cards.
On joue au Monopoly. We play Monopoly.

- **talk about the seasons of the year**

le printemps spring
au printemps in spring
l'été (m) summer
en été in summer
l'automne (m) autumn
en automne in autumn
l'hiver (m) winter
en hiver in winter

- **use numbers 70 – 100 and some minus numbers**

70	*soixante-dix*	80	*quatre-vingts*
71	*soixante et onze*	81	*quatre-vingt-un*
72	*soixante-douze*	82	*quatre-vingt-deux*
73	*soixante-treize*	90	*quatre-vingt-dix*
74	*soixante-quatorze*	91	*quatre-vingt-onze*
75	*soixante-quinze*	92	*quatre-vingt-douze*
76	*soixante-seize*	100	*cent*
77	*soixante-dix-sept*	-5	*moins cinq*
78	*soixante-dix-huit*	-10	*moins dix*
79	*soixante-dix-neuf*		

- **use some regular French verbs which end in -er:**

adorer	to love, adore	*jouer*	to play
aimer	to like, love	*penser*	to think
arriver	to arrive	*regarder*	to watch, look at
chercher	to look for	*rentrer*	to come back
cliquer	to click	*rester*	to stay
détester	to hate	*surfer*	to surf
écouter	to listen to	*taper*	to type
entrer	to enter	*téléphoner*	to phone
habiter	to live in	*travailler*	to work

ÉPREUVE: Écouter

A Le temps et les saisons

Écoute et écris la bonne lettre.

Ex. 1 ..*i*....... 2 .... 3 .... 4 .... 5 ....

6 .... 7 .... 8 .... 9 ....

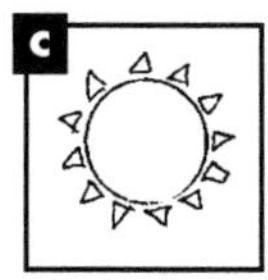

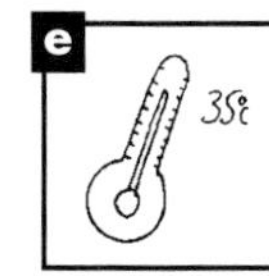

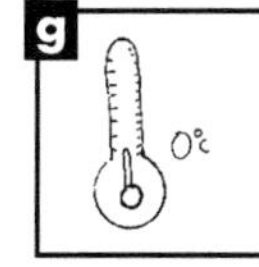

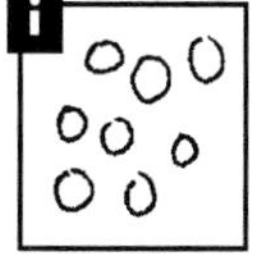

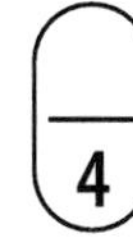

B À la maison

Écoute et complète la grille.

Exemple:	**1** Sanjay			✔			
	2 Claire						
	3 Jonathan						
	4 Magali						
	5 Daniel						
	6 Sika						

5

C Une interview

Écoute l'interview et complète les details.

Exemple:

Nom: Hé_ _ _ _ _

Prénom: Claire

Adresse: _ _ rue Saint-Pierre

Numéro de téléphone: _ _ _ _ _ _ _ _ _ _

Sports préférés: (coche deux cases)

☐ ☐ ☐ ☐ ☐ ☐

11

Autres loisirs: (coche deux cases)

☐ ☐ ☐ ☐ ☐ ☐

TOTAL

ÉPREUVE: Lire

A Des activités

Trouve les paires.

1 ....f.... (Ex.)
2 ....
3 ....
4 ....
5 ....
6 ....
7 ....
8 ....

1 Tu joues?
2 Nous dessinons.
3 J'écoute.
4 Elle mange.
5 Ils chantent.
6 Elles dansent.
7 Vous travaillez?
8 Il pense.

a b c d

e

f

g

h

B Samedi

Mets les phrases dans le bon ordre.

1 ....c....
2 ....
3 ....
4 ....
5 ....
6 ....
7 ....

a Nous rentrons à la maison.
b Les garçons jouent sur l'ordinateur.
c Il fait beau, nous sommes au parc.
d Mon frère joue au football avec son ami.
e Zut! Maintenant, il pleut.
f Nous regardons le tennis à la télé.
g Je joue au tennis avec mon amie.

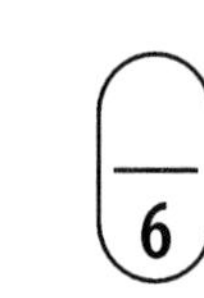

C Une lettre de Bordeaux

*Lis les phrases et écris **vrai** ou **faux**.*

1 Les cousins de Daniel habitent à Bordeaux. ....faux....
2 Luc et Sophie adorent les animaux. ....
3 Luc et Daniel aiment beaucoup le sport. ....
4 Sophie aime jouer au tennis. ....
5 Elle aime jouer sur l'ordinateur. ....
6 Quand il fait beau, Luc et Daniel jouent au basket. ....
7 Sophie reste à la maison et elle regarde une vidéo. ....
8 Aujourd'hui, les enfants préparent des crêpes. ....

Cher Alex,

Je passe le week-end chez mes cousins, Luc et Sophie. Ils habitent dans un village près de Bordeaux. Ils ont beaucoup d'animaux – deux chiens, un chat et trois lapins. Toute la famille adore les animaux!

Luc, comme moi, aime beaucoup le sport. Il joue au football, au tennis et au basket. Sophie n'aime pas le sport. Elle préfère jouer sur l'ordinateur.

Quand il fait beau, Luc et moi, nous jouons au basket, mais Sophie reste à la maison. Elle écoute de la musique ou elle regarde une vidéo.

Aujourd'hui, c'est l'anniversaire de ma tante, alors nous préparons un gâteau d'anniversaire pour elle.

À bientôt
Daniel

TOTAL

ÉPREUVE: Écrire et grammaire

A Le temps

Copie le bon mot.

1 

2 

3 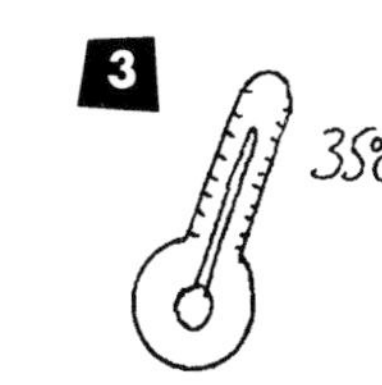

4 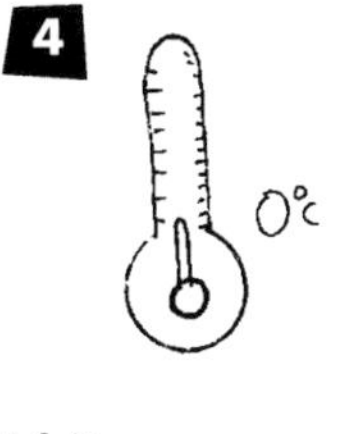

Ex. Il fait *mauvais* Il fait .... Il fait .... Il fait ....

chaud
froid
mauvais
beau

B Quel temps fait-il?

Copie le bon mot.

1 

2 

3 

4 

5 

Ex. *Il neige* ....

Il
Il y a
du brouillard
neige
pleut
du soleil
du vent

4

C À Dieppe

Choisis le bon mot.

1 Je *passe* (**Ex.**) le week-end chez des amis. (*passe/passes/passent*)

2 Ils .... à Dieppe. (*habitons/habitez/habitent*)

3 M. Roche .... au port. (*travailles/ travaille/travaillent*)

4 Aujourd'hui, nous .... au volley. (*jouons/jouez/jouent*)

5 Et toi, tu .... le volley? (*aime/aimes/aimez*)

6 Ce soir, ma mère et ma sœur, elles .... dans un concert. (*chante/chantons/chantent*)

7 Quand est-ce que vous .... à Paris? (*rentres/rentrons/rentrez*)

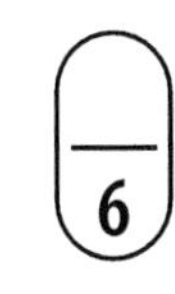

D Une carte postale

Écris une carte postale.

Exemple: Nous *passons une semaine à Lille.*
Il *fait beau et il y a du soleil.*
Je *joue au badminton.*
Et toi, tu *joues au badminton, quelquefois?*
Le soir, je *regarde la télévision.*

Nous ....
....
Il ....
....
Je ....
....
Et toi, tu ....
....
Le soir, je ....
....

TOTAL

Une ville de France

Écris le bon texte pour chaque image.
Exemple: 1H (*l'office de tourisme*)

A le musée
B l'église
C l'hôtel de ville
D le camping
E l'hôpital
F la cathédrale
G la tour
H l'office de tourisme
I la gare
J la poste (le bureau de poste)
K la piscine
L le marché

En ville

1 Un panneau

Complète le panneau avec les mots dans la case.
Exemple: 1 *POSTE*

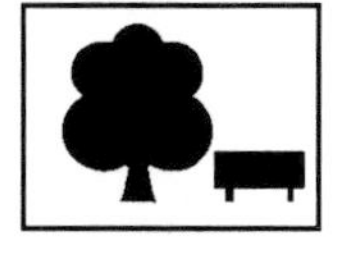
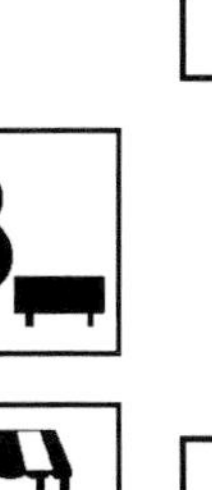

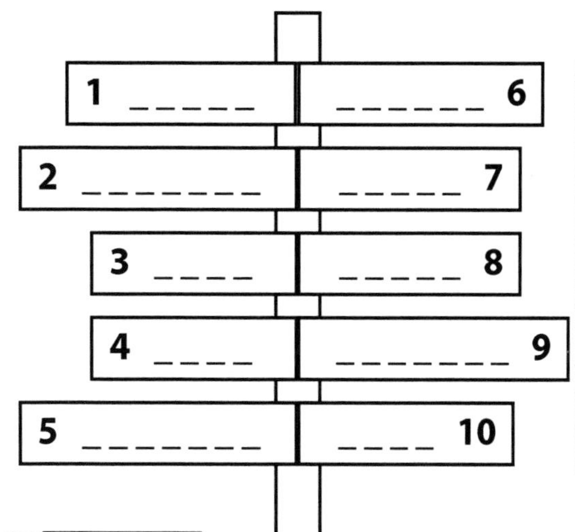

2 Dans l'ordre alphabétique

a *Trouve un mot pour chaque lettre.*
b *Écris l'anglais.*
Exemple: 1 *auberge de jeunesse = youth hostel*

aubergedejeunesseofficedetourismegarecinémamagasinbrochureéglisepiscinetourhôpital

1 a..........
2 b..........
3 c..........
4 é..........
5 g..........
6 h..........
7 m..........
8 o..........
9 p..........
10 t..........

3 Mots mêlés

a *Encercle les mots.*
b *Copie les mots et écris l'anglais.*
Exemple: *la cathédrale = cathedral*

cathédrale (f)	école (f)
parking (m)	piscine (f)
cinéma (m)	restaurant (m)
église (f)	ville (f)
tour (f)	rue (f)
musée (m)	île (f)

c	a	t	h	é	d	r	a	l	e
i	f	o	x	c	y	e	o	j	l
n	i	u	q	o	t	s	u	e	r
é	l	r	w	l	i	t	î	s	p
m	u	s	é	e	l	a	l	u	a
a	s	d	g	y	i	u	e	c	r
v	i	l	l	e	s	r	n	l	k
x	e	l	i	y	t	a	l	j	i
q	p	i	s	c	i	n	e	i	n
p	r	u	e	t	a	t	o	u	g

C'est quelle direction?

1 Une petite ville

A *Regarde le plan et écris **vrai** ou **faux**.*
Exemple: 1 *vrai*

1 L'école est dans l'avenue Saint-Michel.
2 L'église est dans la rue du Parc.
3 Il y a un parc dans la ville.
4 Il y a une école dans la rue de l'Église.
5 Dans l'avenue de Paris, il y a un café.
6 C'est une petite ville, mais il y a un marché.
7 La gare est dans la rue Saint-Michel.
8 Il y a un supermarché dans la rue du Parc, à droite

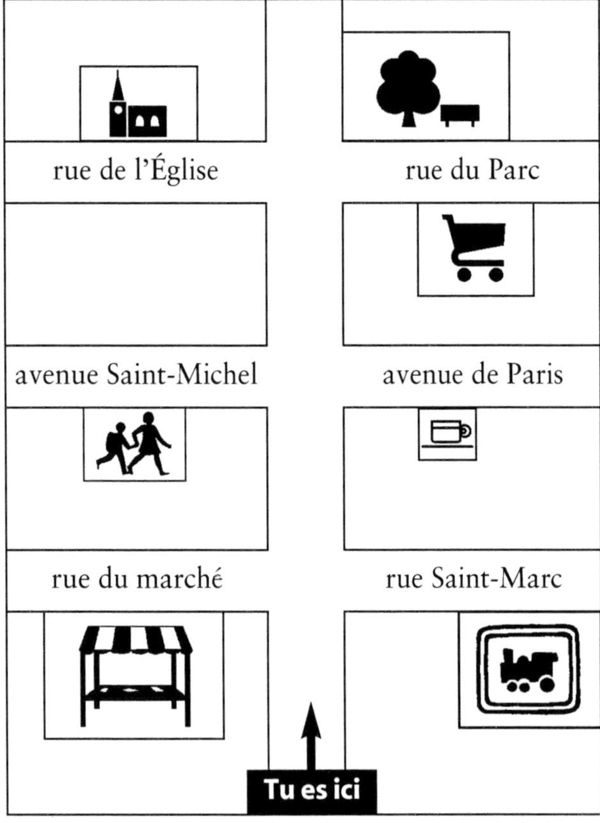

B *Regarde le plan et complète chaque phrase avec un des mots dans la case.*
Exemple: 1 *première*

1 Pour aller à la gare, prenez la .... rue à droite.
2 Pour aller au marché, prenez la .... rue à gauche.
3 Pour aller au café, prenez la .... rue à droite.
4 Pour aller à l'école, prenez la .... rue à gauche.
5 Pour aller à l'église, allez tout droit, puis prenez la .... rue à gauche.
6 Pour aller au parc, allez tout droit , puis prenez la .... rue à droite.
7 Dans la rue du Parc, le parc est à ....
8 Dans la rue du Parc, le supermarché est à ....

première	**deuxième**	**troisième**
gauche	**droite**	

2 Pour arriver chez moi

Complète les directions avec les mots dans la case.

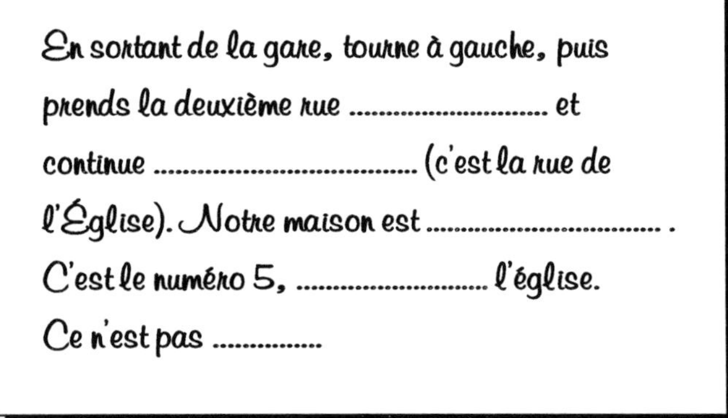
En sortant de la gare, tourne à gauche, puis prends la deuxième rue .... et continue .... (c'est la rue de l'Église). Notre maison est .... C'est le numéro 5, ... l'église. Ce n'est pas ....

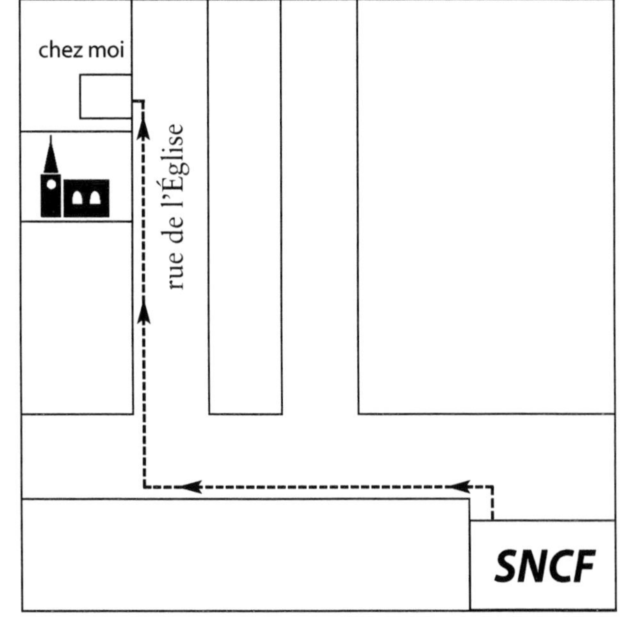

à gauche	**à droite**	**tout droit**
près de	**loin**	

Où va-t-on?

1 La semaine de Charles

Charles est en vacances.
Complète les phrases.
Exemple: 1 Lundi il va au cinéma .

1 Lundi, il va.. .
2 Mardi, il va ....
3 Mercredi, il va ....
4 Jeudi, il va ....
5 Vendredi, il va ....
6 Samedi, il va ....
7 Dimanche, il reste ....

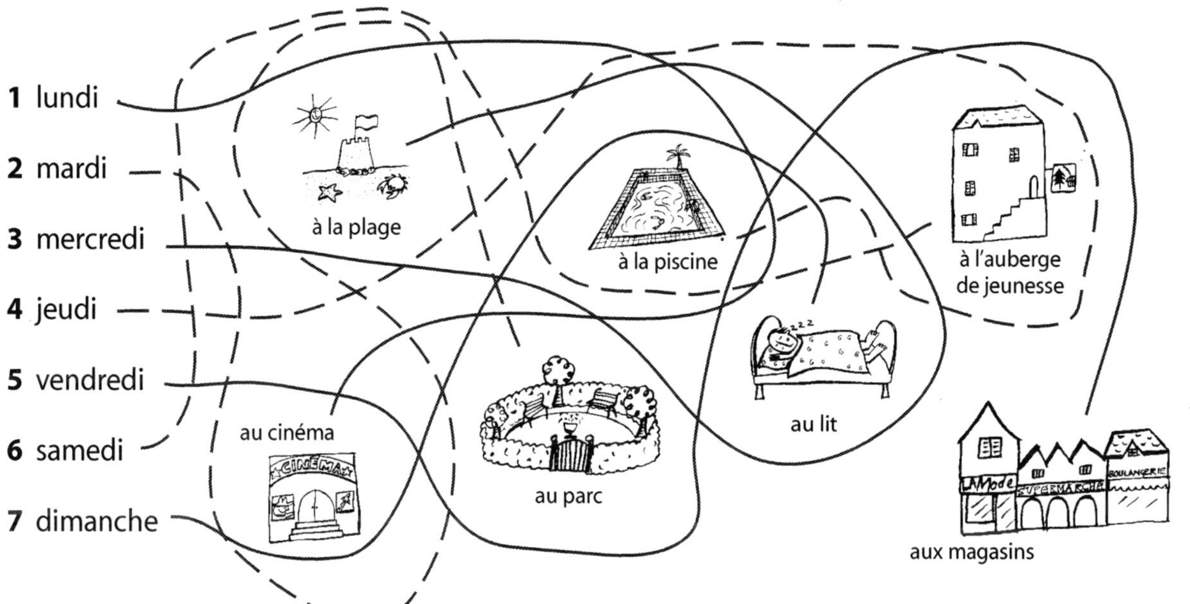

2 Où vont-ils?

Complète les phrases.
Exemple: 1 Il va au camping

Pour t'aider

à + le = au	(au cinéma)
à la .... (*fem*)	(à la gare)
à l'..........	(à l'office de tourisme/à l'hôtel)
à + les = aux	(aux magasins)

1

Il va ....

2

Toute la famille va ....
....

3

Il va ....
....

4

Alors, on va .... ?

5

Tu vas .... ?

6

Elles vont ....

aller

1 aller – to go

Complète le verbe.
Exemple: je *vais*

je	....	*I go*	....	allons	*we go*
....	vas	*you go*	vous	....	*you (plural, polite) go*
il/elle/on	....	*he/she/one goes*	ils/elles	....	*they go*

2 Une erreur

Remplis les blancs pour compléter l'histoire.
Exemple: 1 *vais*

C'est où?

1 Un petit lexique

Complète la liste. (Pour t'aider, regarde la Grammaire à la page 161 dans le livre de l'élève.)

Exemple: a dans

a	....	in
b	derrière	....
c	entre	....
d	....	on
e	sous	....
f	....	in front of

2 Attention! Le vétérinaire arrive!

Le vétérinaire arrive – mais où sont les animaux ?

A *Regarde l'image. Écris V (vrai) ou F (faux).*

Exemple: Il y a une souris dans le classeur. V

1. Il y a une souris dans le classeur. ☐
2. Le perroquet est entre les deux perruches. ☐
3. Le chat blanc est devant l'aquarium. ☐
4. Le grand chien est derrière le petit chien. ☐
5. Deux chats noirs sont sur la table. ☐
6. Il y a deux souris sous l'ordinateur. ☐
7. Il y a un cochon d'Inde entre les livres. ☐
8. Les poissons sont devant la fenêtre. ☐

B *Remplis les blancs.*

Exemple: 1 Il y a un lapin ...devant... la plante.

1. Il y un lapin .... la plante.
2. Il y a deux lapins .... les livres.
3. Les oiseaux sont .... la lampe.
4. Il y a une souris .... la porte.
5. Il y a un chat .... la grande boîte.
6. La tarentule est .... l'ordinateur.

C *Invente des phrases qui commencent comme ça.*

Exemple: 1 Le chat blanc est *derrière l'aquarium.*

1. Le chat blanc est ...

   ....

2. Le petit chien ...

   ....

3. Les poissons sont ...

   ....

4. Il y a un chat ...

   ....

Un plan à compléter A

 *Travaillez à deux.*

Tu travailles à l'office de tourisme. Tu as un plan de la ville avec tous les détails.
Réponds aux questions de ton/ta partenaire.

Exemple:

B 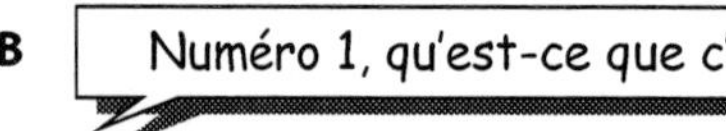

A C'est la tour de l'horloge.

Ton/Ta partenaire commence.
Après trois questions, changez de rôle.

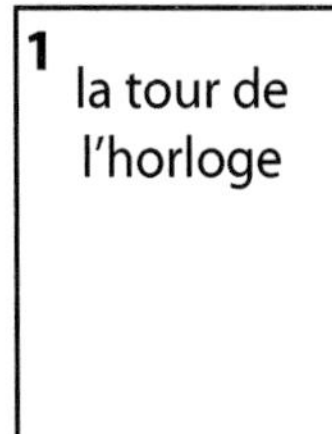
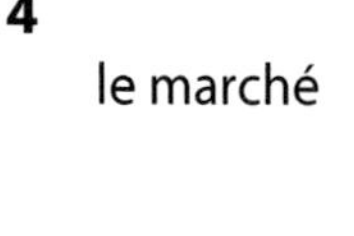
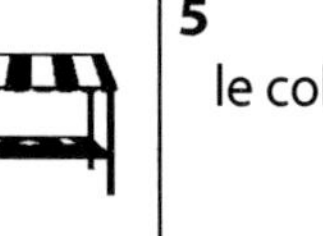

1 la tour de l'horloge	2 le parking	3 le cinéma	4 le marché	5 le collège	6 la cathédrale
7 la banque	8 la poste	9 l'hôtel de ville	10 le café	11 l'hôtel Splendide	12 le supermarché

Un plan à compléter B

 *Travaillez à deux.*

Ton/Ta partenaire a un plan de la ville avec tous les détails.
Pose des questions pour trouver les détails qui manquent sur ton plan:

Exemple:

B Numéro 1, qu'est-ce que c'est?

A C'est la tour de l'horloge.

Tu commences.
Après trois questions, changez de rôle.

1 *la tour de l'horloge*	2	3	4	5	6
7	8	9	10	11	12

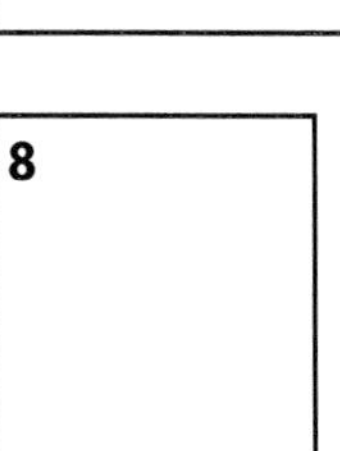

Tu comprends?

1 Qu'est-ce que c'est?

Écris la lettre qui correspond.
Exemple: 1 b

1 .... 6 ....
2 .... 7 ....
3 .... 8 ....
4 .... 9 ....
5 .... 10 ....

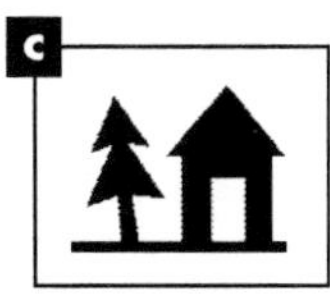

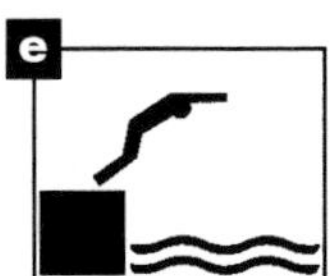

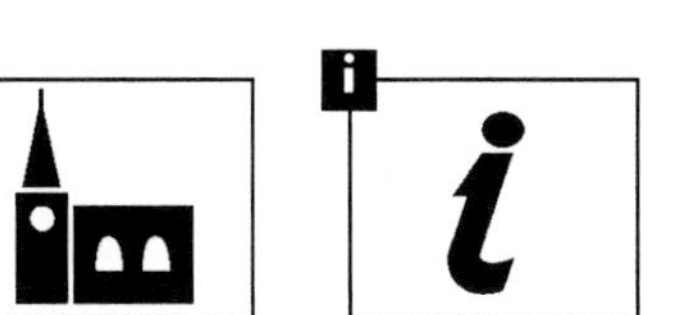

2 C'est quelle direction?

Écoute et écris la bonne lettre.
Exemple: 1 b

1 .... 2 .... 3 .... 4 .... 5 .... 6 ....

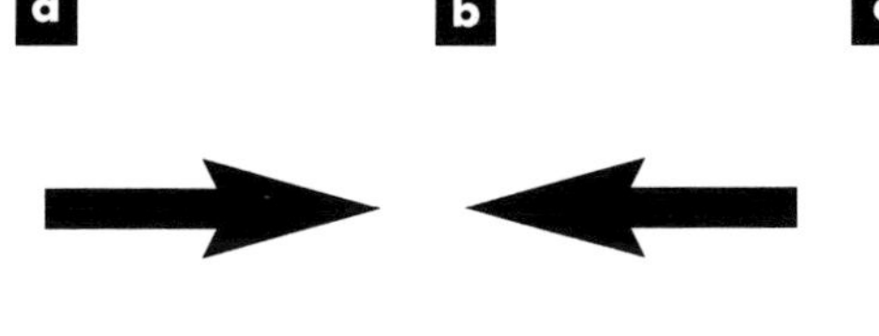

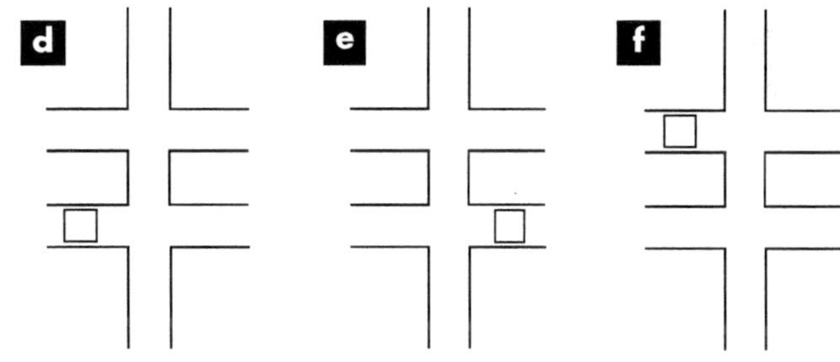

3 Où vas-tu?

Écoute les directions.
Où vas-tu?
Exemple: 1 c (à l'hôtel Royal)

Pour t'aider

a au parc
b à la piscine
c à l'hôtel Royal
d au supermarché
e au théâtre
f aux toilettes
g à l'auberge de jeunesse

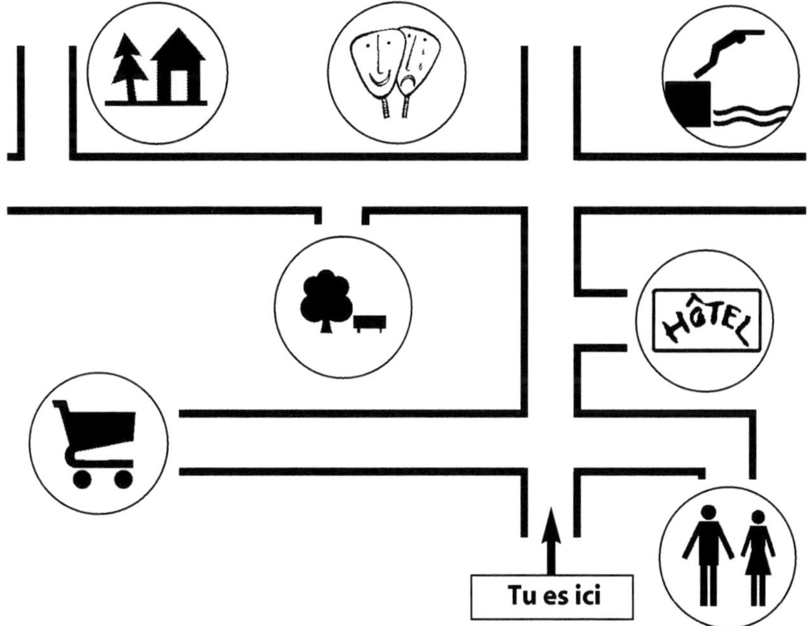

SOMMAIRE

Now you can...

- **ask for information**

Avez-vous	*un dépliant sur la ville,* *une liste des hôtels,* *une brochure,* *un plan de la ville,*	*s'il vous plaît?*
Est-ce qu'il y a une piscine ici?		
Qu'est-ce qu'il y a	*à voir* *à faire*	*à La Rochelle?*

Have you	a leaflet about the town a list of hotels a brochure a map of the town	please?
Is there a swimming pool here?		
What is there	to see to do	in La Rochelle?

- **ask for directions**

Pardon, Monsieur/Madame/Mademoiselle.		
Pour aller	*au parc,* *à la poste,* *à l'église,* *aux magasins,* *en ville,*	*s'il vous plaît?*
Est-ce qu'il y a	*un café* *une banque* *des toilettes*	*près d'ici?*
C'est loin?		

Excuse me, sir/madam/miss		
How do you get to	the park the post office the church the shops town	please?
Is there	a café a bank	near here?
Are there	some toilets	
Is it far?		

- **understand and give directions to a French person**

C'est	*à gauche.* ← *à droite.* →	
Continuez	*tout droit.* ↑	
Prenez	*la première (1ère) rue* *la deuxième (2ème) rue* *la troisième (3ème) rue*	*à gauche.* *à droite.*
Tournez		

It's	on the left. on the right.		
Go/Continue	straight on.		
Take	the first road the second road the third road	on the	left. right.
Turn			

- **understand how far away places are**

c'est tout près	it's very near
c'est loin	it's a long way
c'est assez loin	it's quite a long way away
ce n'est pas loin	it's not far
c'est à 50 mètres	it's 50 metres away

- **talk about places in a town ...**

auberge de jeunesse (f)	youth hostel
banque (f)	bank
cathédrale (f)	cathedral
camping (m)	campsite
collège (m)	secondary school
école (f)	school
église (f)	church
gare (f)	station
hôpital (m)	hospital
marché (m)	market
musée (m)	museum
l'office de tourisme (m)	tourist office
parc (m)	park
parking (m)	car park
piscine (f)	swimming pool
place (f)	square
poste (f) / bureau de poste (m)	post office
restaurant (m)	restaurant
tour (f)	tower

- **... and say exactly where they are**

C'est devant l'église.
It's in front of the church.
C'est derrière l'église.
It's behind the church.
C'est entre le cinéma et le café.
It's between the cinema and the café.

- **use the words for 'at' and 'to'**

à, au, à la, à l', aux

- **use the verb *aller***

je vais	*nous allons*
tu vas	*vous allez*
il/elle/on va	*ils/elles vont*

ÉPREUVE: Écouter

A Un plan de la ville

Écoute et écris la lettre correcte.

Ex.1 ..b.... **2** .... **3** .... **4** .... **5** .... **6** .... **7** .... **8** ....

a

b

c

d

e

f

g

h

/7

B C'est loin?

Écoute les conversations et écris ***L*** *(loin) ou* ***P*** *(près).*

Ex.1 ..P.... **2** .... **3** .... **4** .... **5** .... **6** .... **7** .... **8** ....

/7

C Le guide, c'est toi!

Écoute les questions et trouve les réponses.

Ex.1 ..c.... **2** .... **3** .... **4** .... **5** .... **6** .... **7** ....

a Oui, il y a un marché, le vendredi, place de l'Église.
b Bien sûr. Il y a beaucoup de musées.
c C'est l'église Saint-Sauveur.
d Le Festival de musique est au mois de juillet
e Il y a beaucoup de choses à voir. C'est très joli avec des cafés et des restaurants.
f Alors, allez à l'office de tourisme – ce n'est pas loin.
g Elle s'appelle la place de Verdun.

TOTAL

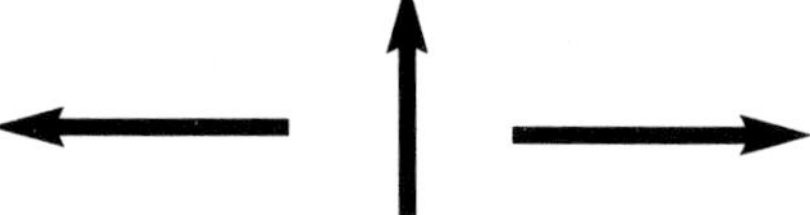

ÉPREUVE: Lire

A C'est où?

Lis les phrases et indique la direction.

1 Le parc est à gauche.
2 L'hôpital est à droite.
3 Les toilettes sont tout droit.
4 Vous prenez le train? La gare est à gauche.
5 L'office de tourisme est à gauche.
6 La piscine est tout droit.
7 La cathédrale est à droite.

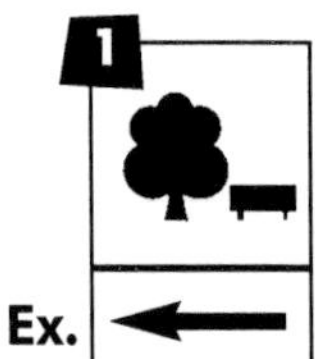

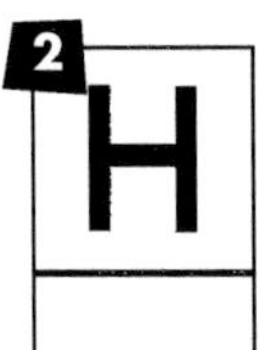

B Le jeu des définitions

Lis la définition et trouve la bonne réponse.

Ex.1 ..g.. **2** .... **3** .... **4** .... **5** .... **6** .... **7** .... **8** ....

1 Ici, on prend un chocolat chaud ou une limonade.
2 Ici, on donne des brochures et des plans aux touristes.
3 On va ici pour acheter des provisions.
4 C'est comme une cathédrale mais plus petite.
5 On va ici pour regarder un film.
6 Les jeunes personnes aiment passer la nuit ici. (Ce n'est pas un hôtel et ce n'est pas un camping.)
7 Les touristes vont ici pour prendre le train.
8 C'est une personne qui visite une région (souvent en vacances).

a un magasin
b une auberge de jeunesse
c la gare
d une église
e un office de tourisme
f le cinéma
g un café
h un(e) touriste

___ / 7

C Des vacances de Christelle

Salut!
Nous passons des vacances dans un camping près de La Rochelle. Je suis avec ma sœur et notre tante Suzanne. Notre tente est juste derrière la piscine, et comme il fait très chaud, c'est pratique! Il y a un café au camping, mais ce n'est pas très grand et on préfère manger une pizza en ville – nous adorons les pizzas. Après, on va au vieux port – c'est très amusant le soir, avec des clowns et des acrobates. Samedi, on va visiter l'île de Ré et un autre jour, nous allons au Festival de musique.
À bientôt!

Trouve les paires.

Ex.1 ..b.. **2** .... **3** .... **4** .... **5** .... **6** .... **7** .... **8** ....

1 Christelle passe ses vacances
2 Le camping n'est pas
3 La tante de Christelle
4 La tente des deux filles et leur tante
5 Elles vont souvent à la piscine
6 Christelle n'aime pas beaucoup manger
7 Elle préfère manger en ville
8 Elle ne va pas au Festival de musique samedi

a loin de la Rochelle.
b dans un camping.
c parce qu'elle adore les pizzas.
d parce qu'il fait très chaud à présent.
e est près de la piscine.
f parce qu'elle va à l'île de Ré ce jour-là.
g au café du camping.
h s'appelle Suzanne.

TOTAL

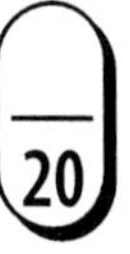

ÉPREUVE: Écrire et grammaire

A En ville

*Choisis **quatre** images et copie le mot correct.*

Ex. *l'auberge de jeunesse*

b ....

c ....

d ....

e ....

f ....

g ....

Pour t'aider

la poste   la gare   l'auberge de jeunesse   le cinéma   la cathédrale   le marché   la tour   la place   la piscine

/4

B C'est où, exactement?

Complète chaque phrase avec un des mots dans la case.

sur   entre   devant   derrière

Ex.

1 La banque est *entre* l'hôtel et le cinéma.

2 La poste est .... l'hôtel et l'église.

3 Le marché est .... l'hôtel de ville.

4 La tour de l'horloge est .... l'office de tourisme.

5 La piscine est .... l'hôtel.

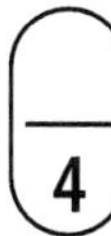

/4

C Où va-t-on?

Complète les réponses.

1 – Où vas-tu dimanche?
 – Je *vais* *à l'* église. **(Ex.)**

2 – Où vas-tu ce matin?
 – Je ....école.

3 – C'est samedi aujourd'hui, où va-t-on?
 – Nous .... piscine.

4 – Qui va au match de foot aujourd'hui?
 – Tous mes amis .... stade pour le match.

/6

D Des destinations

Réponds aux questions. Imagine des destinations.

Exemple: 1 Nous *allons au camping.*
ou Nous *allons à l'auberge de jeunesse*, etc.

1 Tu es en vacances avec des amis. Où allez-vous?
Nous ....

2 C'est ton anniversaire. Où vas-tu?
Je ....

3 Aujourd'hui, ton ami(e) fait des courses. Où va-t-il(elle)?
Il/Elle ....

4 Tes parents visitent une grande ville. Où vont-ils?
Ils ....

/6

TOTAL

/20

Quelle heure est-il?

Indique l'heure.

Exemple:

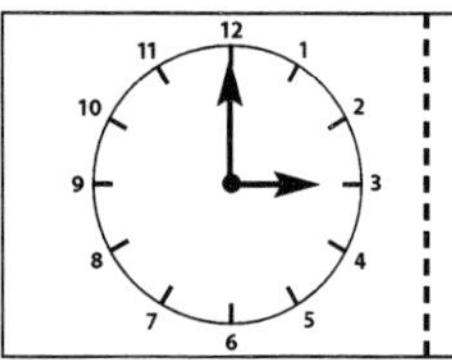

Il est trois heures.

Il est une heure et quart.	**Il est onze heures.**
Il est trois heures et demie.	**Il est onze heures moins le quart.**
Il est midi et demi.	**Il est deux heures moins vingt.**
Il est huit heures cinq.	**Il est quatre heures moins dix.**
Il est minuit et quart.	**Il est cinq heures vingt.**
Il est neuf heures vingt-cinq.	**Il est six heures moins vingt-cinq.**

Quelle journée!

A *Jean-Luc amuse son petit frère, Pierre et ses deux sœurs, Sarah et Claire. Complète le texte.*
Exemple: 1 À huit heures,

1 ...., Jean-Luc va à la boulangerie.

2 ...., il va au marché avec Pierre.

3 ...., Jean-Luc va à la piscine avec les trois enfants.

4 ...., ils mangent un sandwich au café.

5 ...., ils jouent dans le parc.

6 ...., ils vont au cinéma

7 ...., ils rentrent à la maison.

8 ...., un ami de Jean-Luc téléphone.

À midi et demi	**À huit heures**
À dix heures vingt	**À onze heures cinq**
À six heures et quart	**À deux heures moins vingt-cinq**
À huit heures moins le quart	**À trois heures et demie**

B *Coche la bonne case.*

1 À huit heures du matin, Jean-Luc est
- **a** à la poste ☐
- **b** à la boulangerie **Exemple:** ☑
- **c** à la maison ☐

2 À dix heures vingt, il est
- **a** au camping ☐
- **b** au musée ☐
- **c** au marché ☐

3 À onze heures cinq, ils sont
- **a** à la piscine ☐
- **b** à la gare ☐
- **c** à la banque ☐

4 À midi et demi, ils sont
- **a** au musée ☐
- **b** au café ☐
- **c** au collège ☐

5 À deux heures moins vingt-cinq, ils jouent
- **a** dans le jardin ☐
- **b** dans le restaurant ☐
- **c** dans le parc ☐

6 À trois heures et demie, ils sont
- **a** au match ☐
- **b** au cinéma ☐
- **c** au concert ☐

7 À six heures et quart, ils rentrent
- **a** à la maison ☐
- **b** à l'hôtel ☐
- **c** à l'école ☐

8 À huit heures moins le quart, un ami
- **a** arrive à la maison ☐
- **b** téléphone à Jean-Luc ☐
- **c** prépare le dîner ☐

Qui est-ce? A

 *Travaillez à deux.*

1 *Pose des questions à ton/ta partenaire et note ses réponses.*
Exemple:

Tu prends le petit déjeuner à quelle heure?

À sept heures et demie.

2 *Puis, lis les réponses et identifie la personne. C'est une de ces personnes:*
Anne Active (Elle va souvent dans les discothèques.)
André Active (Il chante dans un groupe.)
Paul Paresseux (Il se couche avant dix heures.)
Paulette Paresseux (Elle aime surfer sur le Net.)

Pour t'aider

Tu prends le petit déjeuner à quelle heure?
Qu'est-ce que tu fais le matin?
l'après-midi?
le soir?
Tu te couches à quelle heure?

3 *Vérifie avec ton/ta partenaire. C'est ....?*
Puis changez de rôle.
Tu commences.

Personne A	**Personne B**	**Personne C**	**Personne D**
petit déjeuner: ...07.30...	petit déjeuner:	petit déjeuner:	petit déjeuner: ....
matin:	matin:	matin:	matin: ....
....	....	....	....
....	....	....	....
après-midi:	après-midi:	après-midi:	après-midi: ....
....	....	....	....
soir:	soir:	soir:	soir: ....
....	....	....	....
se couche:	se couche:	se couche:	se couche: ....
Nom:	Nom:	Nom:	Nom: ....

Qui est-ce? B

 *Travaillez à deux.*
Choisis une personne et écris son nom dans ton cahier. (**Exemple:** *A – Anne Active*)
Tu es cette personne. Réponds aux questions de ton/ta partenaire.
Exemple (Personne A):

Tu prends le petit déjeuner à quelle heure?

À sept heures et demie.

Ton/Ta partenaire commence.
Après 5 questions, ton/ta partenaire doit identifier la personne.
Puis changez de rôle.

A – Anne Active	**B – Paul Paresseux**	**C – André Active**	**D – Paulette Paresseux**
petit déjeuner: 07.30 matin: Je travaille dans le jardin. après-midi: Je joue au badminton. soir: Je danse dans une discothèque. Je me couche à 11.30.	petit déjeuner: 11.00 matin: Je regarde la TV. après-midi: Je joue sur la console. soir: J'écoute la radio. Je me couche à 09.30.	petit déjeuner: 07.45 matin: Je prépare le déjeuner. après-midi: Je joue au basket. soir: Je chante dans un groupe. Je me couche à 11.00.	petit déjeuner: 11h30 matin: J'écoute de la musique. après-midi: Je regarde une vidéo. soir: Je surfe sur le Net. Je me couche à 10.00.

La page des jeux

1 Mots mêlés

Trouve ces mots en français dans la grille et complète la liste.
Exemple: 1 *collège*

	anglais	français
1	school	....
2	morning	....
3	afternoon	....
4	evening	....
5	night	....
6	lesson	....
7	meal	....
8	lunch	....
9	canteen	....
10	homework	....

a	p	r	è	s	-	m	i	d	i
é	t	e	-	o	b	a	l	é	r
r	c	p	ê	i	a	t	à	j	o
n	o	a	t	r	t	i	p	e	s
u	u	s	-	m	o	n	f	u	t
i	r	l	c	a	n	t	i	n	e
t	s	(c	o	l	l	è	g	e)	r
c	a	l	d	e	v	o	i	r	s

2 Où sont les voyelles?

Écris les mots correctement.
Exemple: 1 *l'informatique*

1 l'__nf__rm__t__q__ __
2 la m__s__q__ __
3 l'__d__c__t__ __n phys__q__ __
4 le d__ss__n
5 l'h__st__ __r__
6 la g__ __gr__ph__ __

3 Un serpent

Trouve trois opinions positives et trois opinions négatives.
Avec les lettres qui restent, trouve le nom d'un repas.

	Des opinions positives		Des opinions négatives
Exemple: 1	*utile*..........................	1	....
2	....	2	....
3	....	3	....

Le repas est ....

4 Un acrostiche

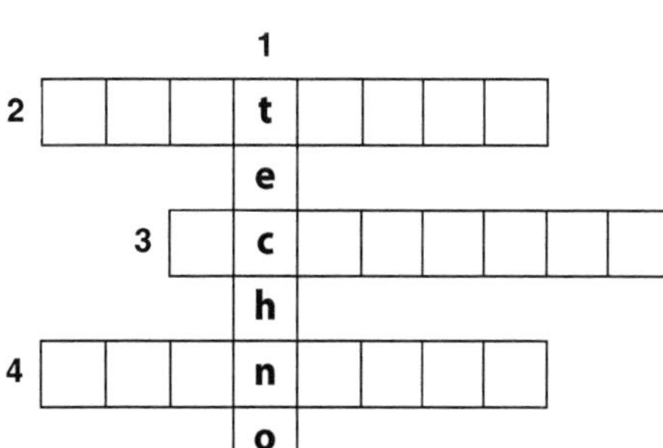

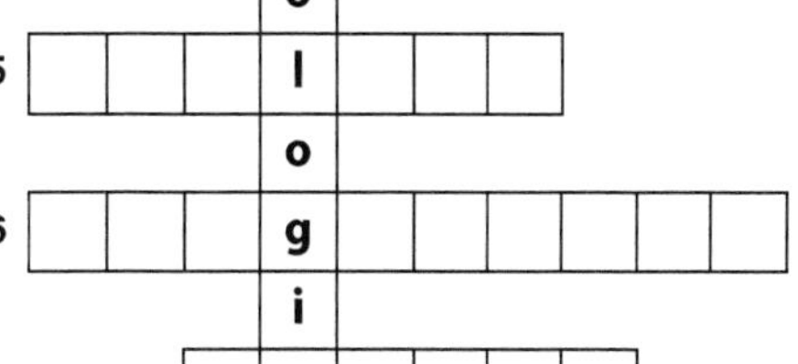

1

2

3
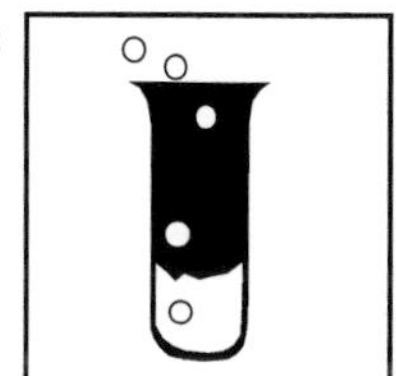

4
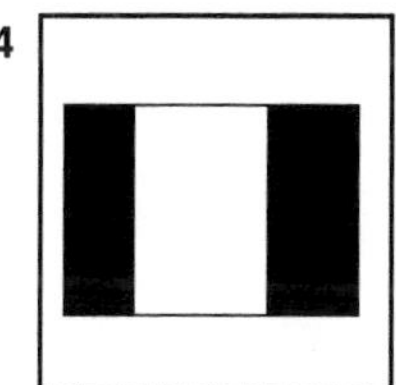

5

6
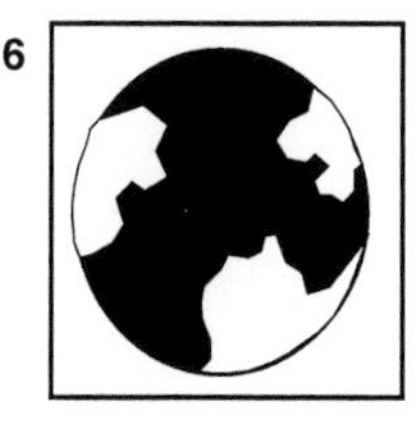

7
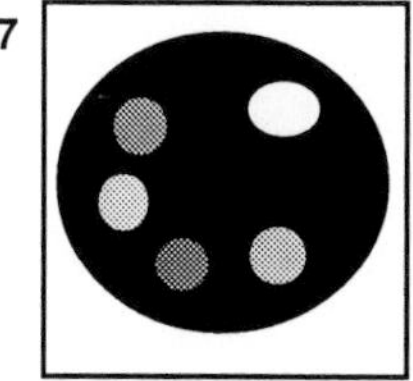

La vie scolaire

1 Mots croisés

Pour t'aider

Consulte le Glossaire ou un dictionnaire.

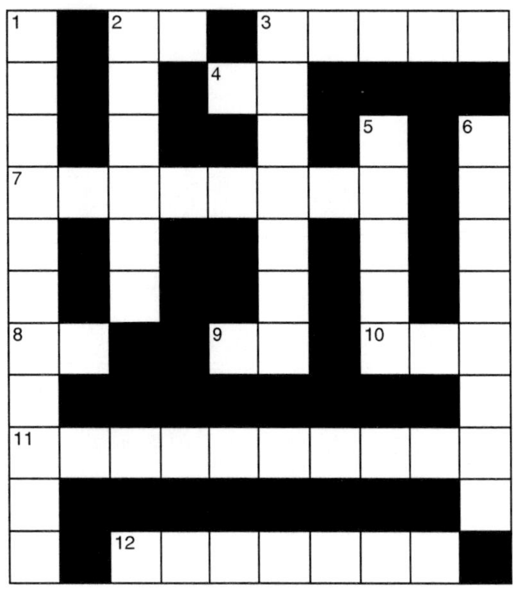

Horizontalement

2 À midi, nous mangeons nos sandwichs dans notre salle ... classe.
3 Pour cette matière, on fait des calculs.
4 Et toi, est-ce que ... manges à la cantine à midi?
7 J'aime bien cette matière parce qu'on étudie les grands événements historiques.
8 J'aime ... géographie parce que c'est trés intéressant.
9 Moi, ... n'aime pas ça.
10 Mon ami aime le hockey, c'est ... sport préféré.
11 Dans cette matière, on étudie les différentes régions du monde, comme le désert, les montagnes, etc.
12 Beaucoup de Français apprennent cette langue étrangère au collège.

Verticalement

1 C'est ma matière préférée parce qu'on fabrique des choses en bois et en métal.
2 J'aime bien dessiner, alors j'aime bien cette matière.
3 Mes amis aiment bien chanter alors ils aiment bien cette matière.
5 Normalement, on mange trois ... par jour, le petit déjeuner, le déjeuner et le dîner.
6 C'est une matière intéressante parce qu'on fait des expériences dans un laboratoire.

2 Un jeu

Invente un acrostiche avec les noms des matières pour des élèves dans une autre classe.
Voilà un mot vertical. Invente des mots horizontaux, puis écris des indices en anglais.

7 (vertical): i n f o r m a t i q u e

1 s c i e n c e s

2 ______

3 ______

4 ______

5 ______

6 ______

Horizontalement
Exemple: 1 *science*

2 ....
3 ....
4 ....
5 ....
6 ....

Verticalement

7 ....

Conversations au choix

 *Travaillez à deux.*

1 Rendez-vous quand?

Jette un dé ou choisis des numéros entre 1 et 6 pour faire des conversations.

Exemple:

A  B  C 

On va (**A3**) à la piscine, tu viens?

Oui, bonne idée. À quelle heure?

À (**B2**) dix heures et demie, ça va?

Oui, d'accord. Alors rendez-vous (**C1**) devant le musée.

A	B	C
1 au cinéma	**1** 09.15	**1** devant le musée
2 au stade	**2** 10.30	**2** au café
3 à la piscine	**3** 11.45	**3** à l'office de tourisme
4 à la plage	**4** 13.30	**4** au club des jeunes
5 à l'aquarium	**5** 14.00	**5** devant la banque
6 aux magasins	**6** 15.45	**6** à la gare

2 Les matières scolaires

Jette un dé ou choisis des numéros entre 1 et 6 pour faire des conversations.

Exemple:

A  B  C  D 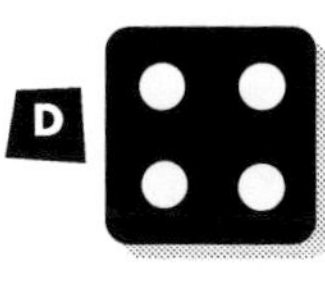

Quelle est ta matière préférée?

C'est (**A5**) la géographie.

Pourquoi?

C'est (**B3**) utile.

Moi, je n'aime pas ça. C'est (**C6**) assez difficile. Je préfère (**D4**) la musique.

A	B	C	D
1 les maths	1 facile	**1** nul	**1** le français
2 l'anglais	2 intéressant	**2** difficile	**2** la technologie
3 le sport	3 utile	**3** peu utile*	**3** l'informatique
4 l'histoire	4 amusant	**4** ennuyeux	**4** la musique
5 la géographie	5 super	**5** très ennuyeux	**5** les sciences
6 le dessin	6 sympa	**6** assez difficile	**6** l'éducation physique

* *peu utile* = not very useful

Mon, ton, son

1 Fais des listes

Regarde les mots dans la case et fais des listes. Il y a trois mots dans chaque groupe. Cherche dans le dictionnaire pour vérifier, si nécessaire.

Des mots masculins (le/mon/ton/son)	Des mots féminins qui ne commencent pas avec une voyelle (la/ma/ta/sa)	Des mots féminins qui commencent avec une voyelle (l'/mon/ton/son)	Des mots au pluriel (les/mes/tes/ses)
....	....	....	....
....	....	....	....
....	....	....	....

affiche amie animaux
jour couleurs distractions
équipe livre matière
sport saison ville

2 Remplis les blancs

Choisis un des mots dans les listes pour compléter chaque phrase.

Exemple: 1 *livre*

1. Son .... préféré est "Bonne Nuit, Monsieur Tom".
2. Édimbourg, c'est sa .... préférée.
3. Son .... de football préférée est Paris Saint-Germain.
4. Ses .... préférées sont jouer sur l'ordinateur et aller au cinéma.
5. Quel est ton .... préféré? Moi, j'adore le tennis.
6. Quelle est ta .... préférée? Moi, je préfère le français.
7. C'est vrai – tes .... préférées sont le noir et le rouge?
8. Mes .... préférés sont les chevaux.
9. Mon .... préféré est le samedi.
10. Ma .... préférée est le printemps.

3 Un questionnaire

a *Écris six questions pour un questionnaire.*

Exemple:

1 *Quel est ton jour préféré?*

....
....
....
....
....
....

b *Puis choisis quatre questions et écris tes réponses.*

Exemple:

1 *Mon jour préféré est le dimanche.*

....
....
....
....
....
....

Pour t'aider

Quel est ton [animal / groupe / livre] préféré?

Quelle est ta [couleur / fête / saison] préférée?

Quelle est ton [émission] préférée?

Jeux de vocabulaire - informatique

1 Un acrostiche

Verticalement
1 to log off

Horizontalement
2 to move
3 to click
4 to log on
5 to print
6 to type
7 to delete

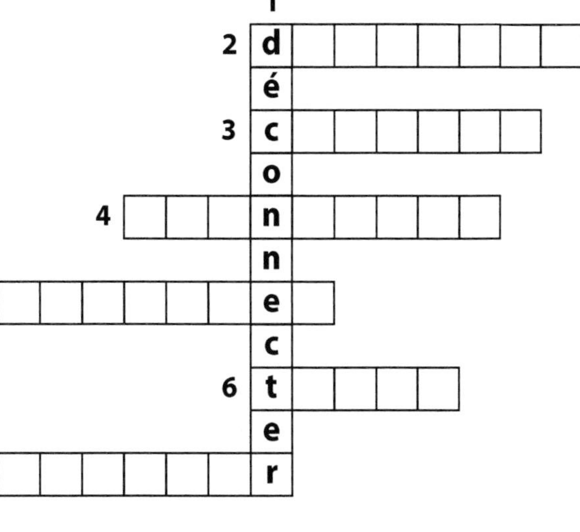

2 Mots croisés

Horizontalement

1 

4 Ce n'est pas ... bon cédérom.

7 

10 Est-ce que tes amis français ... Internet à la maison?

12 Comment retourner au m... ?

13 Je sauvegarde le texte, puis je ferme le f... .

14 Pour écrire des textes, j'utilise un t... .

Verticalement

1 

2 Tu surfes? Non, je ne suis pas ... ligne.

3 Est-ce que ton collège a un site ... ?

5 Moi, j'adore jouer à ... console.

6 Comment déplacer le c... ?

8 Tu aimes surfer sur le ... ?

9

11 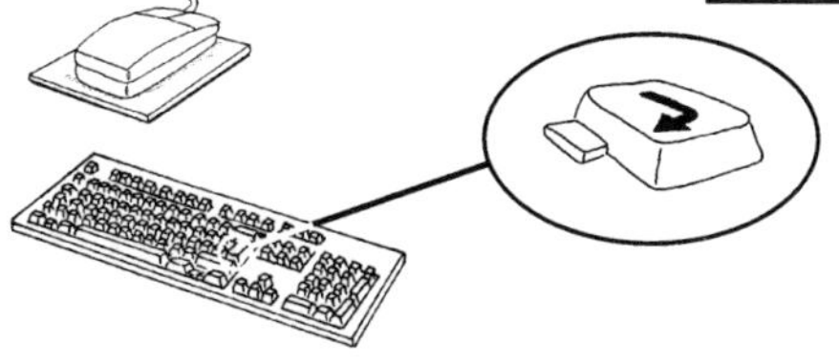

Pour t'aider

cédérom	menu
clavier	net
curseur	ont
écran	souris
en	texteur
fichier	touche
la	web
le	

3 À l'ordinateur

Quand on travaille sur l'ordinateur, on allume l'ordinateur d'abord, puis on connecte, etc. Complète les phrases avec un verbe dans la case.

Exemple: 1 On *allume* l'ordinateur.

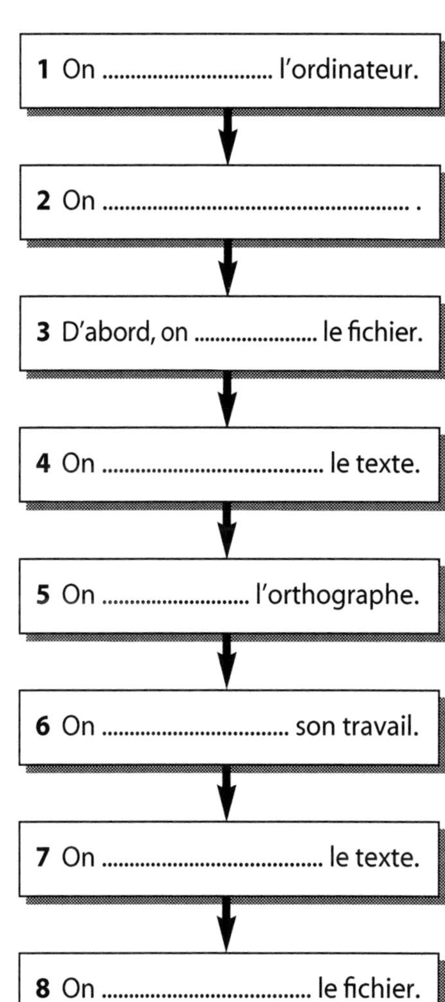

1 On .... l'ordinateur.

2 On ....

3 D'abord, on .... le fichier.

4 On .... le texte.

5 On .... l'orthographe.

6 On .... son travail.

7 On .... le texte.

8 On .... le fichier.

9 On ....

allume	**ouvre**
connecte	**sauvegarde**
déconnecte	**tape**
ferme	**vérifie**
imprime	

Tu comprends?

1 Quelle heure est-il?

Écoute et note l'heure.

Exemple: 1 *9h00* 1 .... 2 .... 3 .... 4 .... 5 .... 6 .... 7 .... 8 ....

2 Samedi

Écoute la conversation et complète les détails ou coche la bonne case.

Exemple: 1 *07.15*

petit déjeuner à: **1** ....

matin: **2 a**  ☐ **b**  ☐ **c**  ☐

les cours commencent à: **3** ....

les cours se terminent à: **4** ....

après-midi: **5 a**  ☐ **b**  ☐ **c**  ☐

soir: **6 a** ☐ **b** 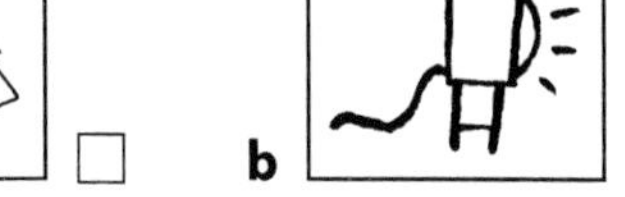 ☐ **c**  ☐

se couche à: **7** ....

3 Comment ça s'écrit?

On dicte sept mots. Écris les mots et souligne le mot qui ne va pas avec les autres.

Exemple: 1 *d e s s i n*

1 _ _ _ _ _ _

2 _ _ _ _ _ _ _ _

3 _ _ _ _ _ _ _

4 _ _ _ _ _ _ _ _

5 _ _ _ _ _ _ _

6 _ _ _ _ _

7 _ _ _ _ _ _ _ _ _

4 L'emploi du temps

Écoute et complète l'emploi du temps pour lundi.

8h *maths*	déjeuner
9h	14h
récréation	15h
10h 10	16h
11h 10	

SOMMAIRE

Now you can ...

- **ask what time it is**

Quelle heure est-il? What's the time?

- **understand and tell the time in French**

Il est une heure/deux heures/trois heures ...

12:00	**12:30**
Il est midi.	*Il est midi et demi.*
Il est minuit.	*Il est minuit et demi.*

- **talk about the time of day**

le matin	in the morning
l'après-midi	in the afternoon
le soir	in the evening
la nuit	at night

- **talk about a typical day**

une journée typique	a typical day
Le matin, je prends mon petit déjeuner à ...	In the morning, I have breakfast at ...
J'arrive au collège à ...	I arrive at school at ...
Les cours commencent à ...	Lessons start at ...
À midi, ...	At midday, ...
je mange à la cantine	I eat in the canteen
je mange des sandwichs	I eat sandwiches
Je rentre à la maison à ...	I get home at ...
Je commence mes devoirs à ...	I start my homework at ...
Le soir, nous mangeons à ...	In the evening, we eat at ...
Je vais au lit à .../ Je me couche à ...	I go to bed at ...

- **talk about mealtimes**

un repas	meal
le petit déjeuner	breakfast
le déjeuner	lunch
le goûter	afternoon snack
le dîner	dinner

- **talk about school subjects**

anglais (m)	English
dessin (m)	art
EPS (éducation physique et sportive) (f)	PE
français (m)	French
géographie (f)	geography
histoire (f)	history
informatique (f)	ICT
maths (f pl)	maths
musique (f)	music
sciences (f pl)	science
sport (m)	sport
technologie (f)	technology

- **say which subjects you like and why**

C'est ...	It's ...
amusant	fun
difficile	difficult
ennuyeux	boring
facile	easy
intéressant	interesting
nul	useless, rubbish
OK	okay
super	great
sympa	nice, good
utile	useful
très	very
assez	quite
un peu	a bit

- **use the verbs *commencer* and *manger***

je commence	*nous commençons*
tu commences	*vous commencez*
il/elle/on commence	*ils/elles commencent*
je mange	*nous mangeons*
tu manges	*vous mangez*
il/elle/on mange	*ils/elles mangent*

- **use possessive adjectives**

'my' and 'your' – *mon, ma, mes* and *ton, ta, tes*
'his', 'her' and 'its' – *son, sa* and *ses*
'our' and 'your' – *notre, nos* and *votre, vos*
'their' – *leur, leurs*

ÉPREUVE: Écouter

A Quelle heure est-il?

Écoute et écris la bonne lettre.

Ex. 1 ...*d*... **2** .... **3** .... **4** .... **5** .... **6** .... **7** ....

a 

b 

c 

d 

e 

f 

g 

B On parle des matières

Écoute et indique la matière.
Donne (en français) l'opinion.

Les opinions
amusant difficile ennuyeux facile intéressant

1 **a**  **b** 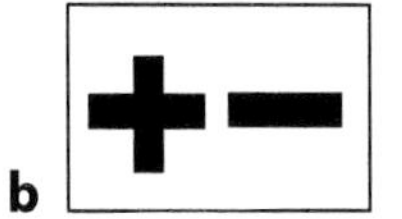 **c** 

Opinion: ....*difficile*.... **(Ex.)**

2 **a**  **b**  **c**

Opinion: ....

3 **a** 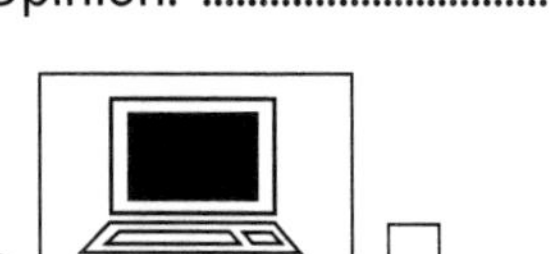 **b**  **c** 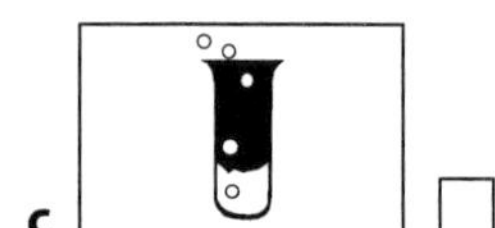

Opinion: ....

4 **a** 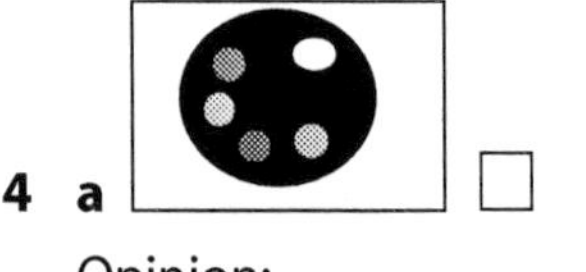 **b**  **c** 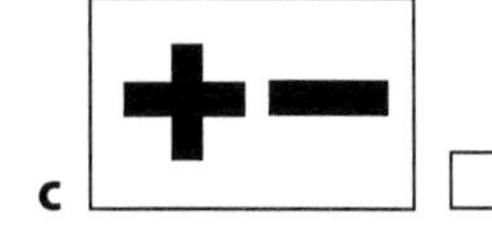

Opinion: ....

5 **a**  **b**  **c** 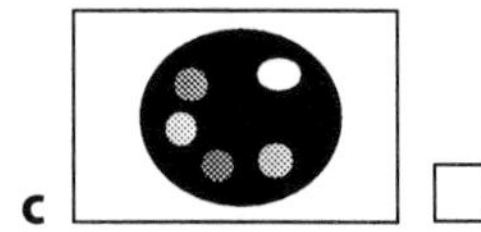

Opinion: ....

C Un jour en semaine

Écoute la conversation. Complète les phrases avec l'heure.

1 Je me lève à ....*6.50*.... **(Ex.)**

2 Je prends mon petit déjeuner à ....

3 Je quitte la maison à ....

4 Les cours commencent à ....

5 La récréation est à ....

6 Je rentre à la maison à ....

7 Nous mangeons à ....

TOTAL 20

ÉPREUVE: Lire

A La journée

Trouve les paires. **Ex. 1** ......*b*... **2** .... **3** .... **4** .... **5** ....

1 Le matin, ...	**a** nous prenons le dîner à sept heures.
2 À midi, ...	**b** je prends le petit déjeuner à sept heures et quart.
3 L'après-midi, ...	**c** je mange à la cantine.
4 Le soir, ...	**d** je suis dans mon lit.
5 La nuit, ...	**e** je prends un sandwich et une boisson, pour le goûter.

—/4

B Les matières préférées

Lis les phrases et montre les résultats.

1 Pour un élève, la matière préférée est l'histoire.
2 Quatre élèves préfèrent l'informatique.
3 La matière préférée de trois élèves est le dessin.
4 Deux élèves préfèrent l'éducation physique.
5 Trois élèves préfèrent le français.
6 La matière préférée de deux élèves est la musique.

La matière préférée de la classe est ....

6
5
4
3
2
1
0

—/6

C Questions et réponses

Trouve la bonne réponse à chaque question. **Ex. 1** ......*e*... **2** .... **3** .... **4** .... **5** ....

1 Quelle heure est-il?
2 Quand est-ce que vous mangez?
3 Tu commences tes devoirs à quelle heure?
4 Quelle est ta matière préférée?
5 Tu aimes le français, pourquoi?

a À cinq heures – aujourd'hui, j'ai histoire et anglais.
b Parce que c'est utile.
c J'aime les maths.
d Nous mangeons à sept heures et quart, normalement.
e Il est quatre heures moins vingt-cinq.

—/4

D Une interview

Lucie Moreau, championne junior de badminton

– *Bonjour Lucie. Je peux te poser quelques questions?*
– Mais oui, bien sûr.
– *Bon, alors, tu habites où en France?*
– J'habite à Lille, dans le nord de la France.
– *Et quel âge as-tu?*
– J'ai quinze ans.
– *Quelle est la date de ton anniversaire?*
– C'est le douze juin.
– *Au lycée, quelles sont tes matières préférées?*
– Bon, il y a le sport, bien sûr, mais j'aime aussi l'histoire.
– *À part le badminton, quels sont tes sports préférés?*
– Je joue aussi au hockey et j'aime regarder le football à la télé.
– *Et tes parents, est-ce qu'ils sont sportifs?*
– Non, pas tellement. Ma mère va à la piscine de temps en temps, et mon père joue au golf, mais pas beaucoup.

*Écris **V** (vrai) ou **F** (faux).*

1 Lucie habite dans une ville dans le nord de la France. ☑ *V*
2 Elle a 14 ans. ☐
3 Son anniversaire est le 2 juin. ☐
4 Ses matières préférées sont l'éducation physique et l'histoire. ☐
5 Elle joue au football. ☐
6 Ses parents sont très sportifs. ☐
7 Son père joue au golf de temps en temps. ☐

—/6

TOTAL —/20

ÉPREUVE: Écrire et grammaire

A Les matières

Complète les phrases.

Exemple: 1 J'aime *les sciences.*

1 J'aime ....
2 J'aime beaucoup ....
3 J'adore ....
4 Je n'aime pas beaucoup ....
5 Je n'aime pas ....
6 Je déteste ....

Pour t'aider

l'histoire	le dessin	la musique
les maths	l'anglais	le français
la géographie	la technologie	
l'informatique	l'EPS	les sciences

__ / 6

B Des conversations

a *Complète les phrases avec mon/ma/mes, ton/ta/tes.*

1 Quel est ...*ton*...... mois préféré?
2 ..*Mon*..... mois préféré est août.
3 Quel est .... jour préféré?
4 .... jour préféré est le samedi.
5 Quelle est .... matière préférée?
6 .... matière préférée est le français.
7 Quels sont .... sports préférés?
8 .... sports préférés sont le tennis et le volley.

b *Complète les phrases avec notre/nos, votre/vos.*

1 Comment s'appelle .... collège?
2 .... collège s'appelle le collège Jules Verne.
3 .... cours commencent à quelle heure?
4 .... cours commencent à 8h30.

c *Complète les phrases avec son/sa/ses, leur/leurs.*

1 Le matin, Louise et Thomas prennent .... petit déjeuner à 7h15.
2 Louise met .... livre dans .... sac.
3 Thomas met .... trousse dans .... cartable.
4 Ils disent "au revoir" à .... parents et quittent la maison.

__ / 8

C Des questions

Choisis trois questions et réponds avec une phrase complète.

Exemple: 1 *Je prends le petit déjeuner à sept heures.*

1 Moi, je prends le petit déjeuner à sept heures et quart. Et toi, quand est-ce que tu prends le petit déjeuner?
2 Je quitte la maison à huit heures moins le quart. Et toi, à quelle heure est-ce que tu quittes la maison?
3 À midi, je mange à la cantine. Et toi, est-ce que tu manges à la cantine ou est-ce que tu manges des sandwichs?
4 Je rentre à quatre heures et demie. Quand est-ce que tu rentres à la maison?
5 Moi, quand je rentre, je regarde la télé. Et toi, qu'est-ce que tu fais?
6 Nous mangeons à sept heures et demie, le soir. Et vous, quand est-ce que vous mangez, le soir?

__ / 6

....

....

....

TOTAL __ / 20

On mange et on boit

Les boissons	1		4		Les fruits
Les boissons	2		5		Les fruits
Les boissons	3		6		Les fruits
Les légumes	7		10		Les plats
Les légumes	8		11		Les plats
Les légumes	9		12		Les plats

1 du, de la, de l', des

Remplis les blancs.
Exemple: 1A (*du vin*)

A d....... vin
B d....... pêches
C d....... eau minérale
D d....... poisson
E d....... viande
F d....... carottes
G d....... petits pois
H d....... poulet
I d....... pommes
J d....... lait
K d....... poires
L d....... pommes de terre

2 Les bons mots

Écris le bon texte pour chaque image.
Exemple: 1A (*du vin*)

C'est quel mot?

1 Masculin/féminin

a ***Copie les mots masculins dans la case M.***
Copie les mots féminins dans la case F.

un repas	le goûter
une tarte	la salade
un yaourt	une banane
la pomme	le poisson
le petit déjeuner	la viande
le dîner	une poire

M	F
un repas	*une tarte*
....	....
....	....
....	....
....	....
....	....

b ***Écris chaque mot au singulier. C'est masculin ou féminin? Pour t'aider, regarde le Glossaire.***

des boissons *une boisson – f*
les petits pois *le petit pois – m*
les légumes ....
des bananes ....
des carottes ....
des croissants ....
les sandwichs ....
les gâteaux ....

2 Un tableau

Regarde l'exemple, puis complète le tableau.

	m/f	s/p	le/la/l'/les	un/une/des	du/de la/de l'/des	mon/ma/mes
Exemple: fruits	*m*	*p*	*les*	*des*	*des*	*mes*
1 pain						
2 oranges						
3 eau minérale						
4 fromage						
5 frites						
6 omelette						
7 jambon						
8 limonade						
9 salade						
10 dessert						

3 Mon repas favori

Remplis les blancs.

Mon repas favori est l........ goûter. Je mange d........ pain avec d........ .... confiture ou u........ fruit et je bois u........ chocolat chaud ou u........ jus de fruit.

M........ repas favori est l........ dîner. Je prends d........ pâté et comme plat principal, j'adore l........ poisson avec d........ frites et d........ petits pois. M........ dessert favori est l........ tarte aux pommes et m........ boisson favorite est l........ coca.

Des jeux de vocabulaire

1 Mots mêlés

Trouve dans la grille:

quatre fruits **4** ....
....
....
....

trois boissons **3** ....
....
....

deux légumes **2** ....
....

un repas **1** ....

o	p	ê	c	h	e	r	a
i	o	é	l	o	ç	b	i
g	i	e	a	u	v	a	m
n	r	a	i	s	i	n	è
o	e	ù	t	ê	n	a	h
n	p	a	s	r	u	n	g
c	a	r	o	t	t	e	j
d	é	j	e	u	n	e	r

2 Un serpent

a ***Trouve le menu du jour (5 choses).***
b ***Avec les lettres qui restent, trouve le nom d'une boisson froide.***

Menu: ....
....
....
....
....

Boisson froide: ....

3 Un acrostiche

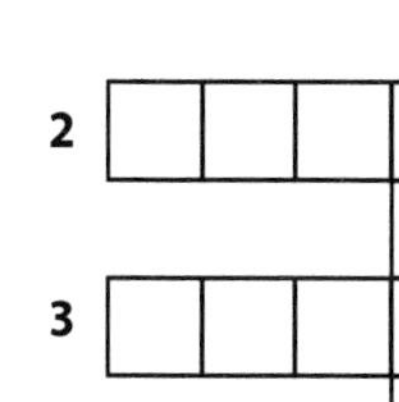

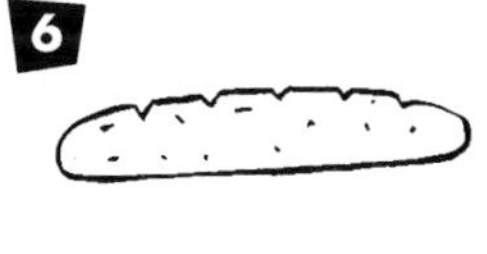

La page des jeux

1 Mots croisés

Horizontalement

1 Mmm! C'est .... J'aime beaucoup ça.
6 Passe-moi ... pain, s'il te plaît.
9 Tu bois du vin ou de l'... ?
11 Comme plat principal, on mange de la ....
12 Tu prends du lait et du ... dans le thé?
14 Il y a du ... et du poivre.
16 Pour le petit déjeuner, je mange des tartines avec du ... et de la confiture.
17 Je voudrais ... yaourt, s'il vous plaît.

Verticalement

1 Le ... est à midi et demi.
2 Les pommes de terre et les petits pois sont des ....
3 Le matin, je prends du ... au lait.
4 Une fraise est ... fruit.
5 Tu veux ... la salade?
7 Avec le steak ou le poisson, j'aime manger les ....
8 Préférez-vous le ... rouge ou blanc?

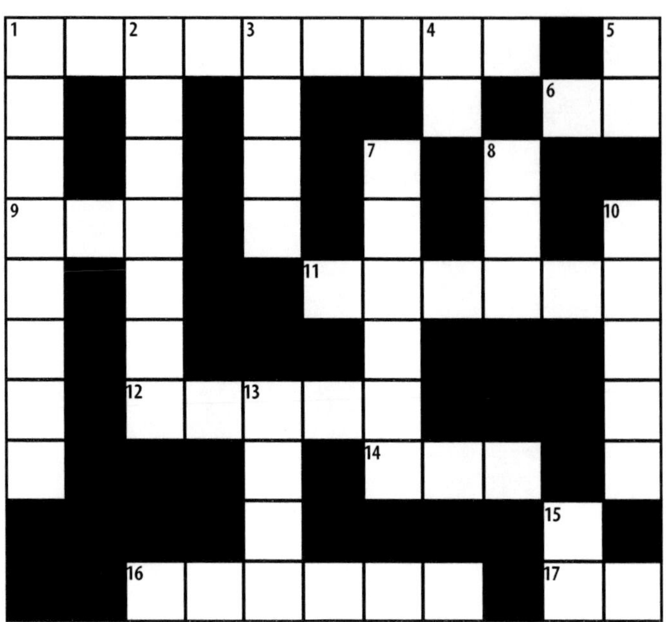

10 Comme hors-d'œuvre, j'aime bien le ....
13 Comme légumes, il y a du ....
15 Prenez-vous ... fromage?

2 C'est quel mot?

Trouve un mot qui correspond. (Quelquefois, il y a plusieurs réponses possibles.)

1 Un repas qui commence avec d. ....
2 Une boisson qui commence avec e. ....
3 Un légume qui commence avec c. ....
4 Un fruit qui commence avec b. ....
5 Un hors-d'œuvre qui commence avec m. ....
6 Un plat principal qui commence avec p. ....
7 Un dessert qui commence avec t. ....

3 Invente un acrostiche

Voilà un mot vertical. Invente des mots horizontaux et écris des indices en anglais.

Horizontalement

1 *coffee*
2 ....
3 ....
4 ....
5 ....

Verticalement

6 ....

6

Exemple: 1 c *a f é*
o
2 n
f
3 i
t
4 u
r
5 e

À table

1 Questions et réponses

Trouve les paires.
Exemple: 1g

Questions	Réponses
1 Encore de la viande?	**a** Du lait, seulement. Je ne prends pas de sucre.
2 Qu'est-ce que tu veux boire?	**b** Je préfère les poires.
3 Qu'est-ce que tu prends comme légumes?	**c** Je voudrais des haricots verts, s'il vous plaît.
4 Est-ce que tu aimes le poisson?	**d** Non, je regrette, mais je n'aime pas beaucoup ça.
5 C'est bon, le gâteau?	**e** De l'eau, s'il vous plaît.
6 Tu prends du sucre et du lait dans ton café?	**f** Oui merci, c'est délicieux. J'aime beaucoup les gâteaux
7 Tu préfères les pommes ou les poires?	**g** Oui, je veux bien. J'adore la viande!

2 On déjeune

Travaille avec un(e) partenaire.
Tu prends le déjeuner chez ton (ta) correspondant(e).
Ton (Ta) partenaire joue le rôle de sa mère.
Écris une série de six numéros ou jette un dé pour faire des conversations à table.
Exemple:

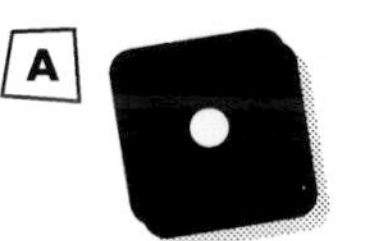

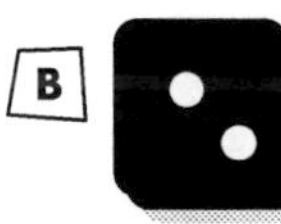

Mme X: Pour commencer, il y a (**A1**) du pâté – tu prends ça?
Toi: Oui, je veux bien.
Mme X: Tu en prends encore?
Toi: (**B2**) Oui, un peu, s'il vous plaît.
Mme X: Qu'est-ce que tu veux boire?
Toi: Je voudrais (**C5**) de la limonade, s'il vous plaît.
Mme X: Voilà. Maintenant, il y a (**D4**) de la viande.
Toi: Merci. Passez-moi (**E6**) le pain, s'il vous plaît.
Mme X: Voilà. Et comme légumes, il y a (**F1**) des carottes – sers-toi.
Toi: Merci, c'est délicieux.

A Les hors-d'œuvre
1 du pâté
2 du melon
3 du potage
4 des hors-d'œuvre
5 de la salade
6 du jambon

B
1 Oui, je veux bien.
2 Oui, un peu, s'il vous plaît.
3 Oui, j'adore ça.
4 Non merci.
5 Merci, j'en ai assez mangé.
6 Non, je regrette mais je n'aime pas beaucoup ça.

C Les boissons
1 de l'eau minérale
2 du vin
3 du coca
4 du jus de fruit
5 de la limonade
6 de l'eau

D Les plats
1 du poulet
2 du poisson
3 de l'omelette
4 de la viande
5 une salade
6 une pizza

E
1 le beurre
2 l'eau
3 la limonade
4 le sel
5 la sauce
6 le pain

F Les légumes
1 des carottes
2 des haricots verts
3 des petits pois
4 des frites
5 du chou
6 du chou-fleur

Ça ne va pas!

1 À la cantine

Trouve le bon texte.

1 ....
2 ....
3 ....
4 ....
5 ....
6 ....
7 ....

a Hélène n'aime pas l'eau.
b Il n'y a pas de pain.
c Sanjay n'aime pas la salade.
d Mélanie ne mange pas de carottes.
e Marc ne mange pas de viande.
f Louis n'aime pas les petits pois.
g Sika n'aime pas les frites.

2 Des problèmes au collège

Trouve les paires.

Exemple: 1 g **1** .... **2** .... **3** .... **4** .... **5** .... **6** .... **7** .... **8** ....

1 Je n'aime pas les maths.
2 Ce n'est pas facile.
3 Il n'y a pas de papier.
4 Le magnétoscope ne marche pas.
5 Le prof ne trouve pas les cahiers.
6 Je n'ai pas de livre.
7 Le prof n'est pas dans la salle de classe.
8 Nous n'avons pas histoire, aujourd'hui.

a There isn't any paper.
b We don't have history today.
c The video recorder isn't working.
d It's not easy.
e The teacher isn't in the classroom.
f I haven't got a book.
g I don't like maths.
h The teacher can't find the exercise books.

3 Complète les phrases

Suis (Follow) *les lignes, puis écris des phrases complètes.*
Exemple: 1 *Charlotte n'est pas dans la salle de classe.*

1 Charlotte
2 Sophie n'aime pas
3 Ce n'est pas
4 L'ordinateur
5 Je n'aime pas
6 Aujourd'hui, nous n'avons pas
7 Marc ne trouve pas
8 Je n'ai pas de

n'est pas dans la salle de classe.
le dessin.
ne marche pas.
intéressant.
musique.
stylo.
l'anglais.
son livre.

1 ....
2 ....
3 ....
4 ....
5 ....
6 ....
7 ....
8 ....

La forme négative

1 Des expressions utiles

Trouve les paires.
Exemple: 1 e

1	je n'aime pas	**a**	it isn't/it's not
2	ce n'est pas	**b**	I'm not
3	je n'ai pas	**c**	aren't
4	ne sont pas	**d**	I don't have
5	je ne suis pas	**e**	I don't like

1 ....
2 ....
3 ....
4 ....
5 ....

2 Complète les phrases

Complète les phrases avec une des expressions de l'activité 1.

a Mangetout

1 Je suis un chat, ...*je ne suis pas*........................ un chien, ça c'est évident.
2 .... les chiens, ils sont méchants.
3 Les chats sont très intelligents, mais les chiens .... très intelligents.
4 Moi, j'adore manger, mais, pour l'instant .... beaucoup d'appétit.
5 Je voudrais sortir, mais pour l'instant, ... possible!

b Ce n'est pas juste!

1 C'est samedi après-midi, mais .... heureux.
2 Je suis dans ma chambre – je suis puni, mais c'est de la faute à ma sœur, ... de ma faute!
3 .... juste!
4 Mes amis .... ici avec moi.
5 Ils sont tous au match de football, mais moi, ... là.
6 Je ne regarde pas le match à la télé, parce que .... de télé dans ma chambre.
7 D'habitude, j'aime beaucoup les samedis, mais aujourd'hui, ... les samedis, ... ma famille et, surtout, ... ma sœur!

3 Des phrases

Invente des phrases.
Exemple: 1 Je n'ai pas de *télé dans ma chambre.*

1 Je n'ai pas de ....

....

2 Je n'aime pas..

....

3 Je ne suis pas..

....

4 Luc et Lucie

Trouve les phrases qui vont ensemble.
Exemple: 1 d

1 .... **2** .... **3** ....
4 .... **5** .... **6** ....
7 .... **8** ....

1 Lucie n'est pas là.
2 Luc déteste les fruits.
3 Luc est petit.
4 Lucie déteste les légumes.
5 Lucie n'aime pas les boissons chaudes.
6 Luc ne prend pas de petit déjeuner.
7 Lucie reste à la maison.
8 Luc va au match de football.

a Lucie n'aime pas les petits pois.
b Lucie ne prend pas de café.
c Lucie ne va pas à la piscine.
d Lucie est absente.
e Le matin, Luc n'a pas le temps de manger.
f Luc ne mange pas de pommes.
g Luc ne reste pas à la maison.
h Luc n'est pas grand.

Tu comprends?

1 Le déjeuner

Écoute la cassette et coche la bonne case. **Exemple: 1 c**  ✔

1 Comme hors-d'œuvre, il y a **a**  ☐ **b** 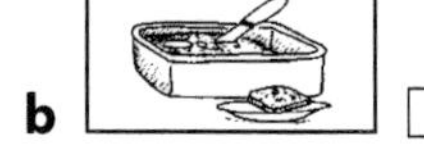 ☐ **c**  ☐

2 Comme plat principal, il y a **a**  ☐ **b** 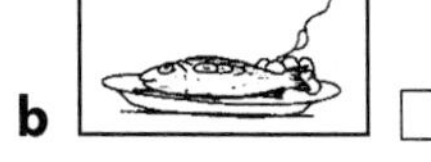 ☐ **c**  ☐

3 Comme légumes, il y a **a**  ☐ **b**  ☐ **c**  ☐

4 Il y a aussi **a**  ☐ **b** 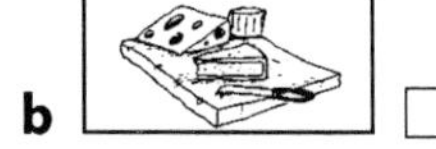 ☐ **c**  ☐

5 Comme dessert, il y a **a**  ☐ **b** 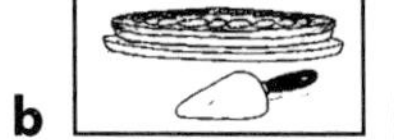 ☐ **c**  ☐

6 Comme boisson, il y a **a**  ☐ **b**  ☐ **c**  ☐

2 Qu'est-ce qu'on prend?

Écoute les conversations et note la lettre qui correspond.

A Des boissons

Exemple: 1 b 1 .... 2 .... 3 .... 4 .... 5 .... 6 ....

a un thé

b un café

c une limonade

d un jus d'orange

e un chocolat

f un verre d'eau

g un verre de lait

h un coca

B Des fruits

Exemple: 1 f 1 .... 2 .... 3 .... 4 .... 5 .... 6 ....

a  **b**  **c**  **d**  **e**  **f**  **g**  **h** 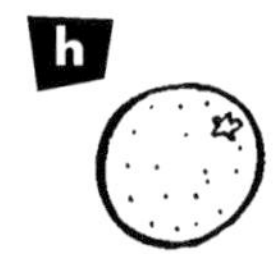

3 Positive ou négative?

Écoute les questions et les réponses. Si la réponse est positive (oui), mets ✔; si la réponse est négative (non), mets ✘.

Exemple:

1   ✔

1 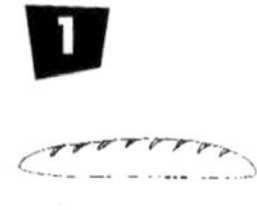  ☐

2  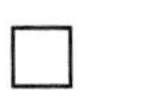 ☐

3  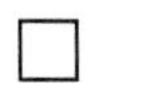 ☐

4  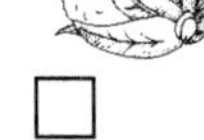 ☐

5   ☐

6  ☐

7   ☐

8 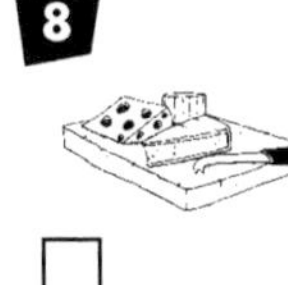 ☐

SOMMAIRE

Now you can …

- **talk about food for a main meal**

les plats d'un repas	**courses of a meal**
un hors-d'œuvre	starter
le plat principal	main course
le dessert	sweet/dessert
du fromage	cheese
du jambon	ham
de l'omelette (f)	omelette
du pâté	pâté
de la pizza	pizza
du poisson	fish
du potage	soup
du poulet	chicken
de la viande	meat
des légumes (m pl)	**vegetables**
des carottes (f pl)	carrots
du chou	cabbage
du chou-fleur	cauliflower
des frites (f pl)	chips
des haricots verts (m pl)	French beans
un oignon	onion
des petits pois (m pl)	peas
des pommes de terre (f pl)	potatoes
de la salade	lettuce salad
une tomate	tomato
des fruits (m pl)	**fruit**
une banane	banana
un citron	lemon
une fraise	strawberry
un kiwi	kiwi fruit
un melon	melon
une orange	orange
une pêche	peach
une poire	pear
une pomme	apple
des raisins (m pl)	grapes
les desserts (m pl)	**desserts**
du gâteau	cake
de la tarte aux pommes	apple tart
un yaourt	yoghurt

- **talk about drinks**

des boissons froides (f pl)	**cold drinks**
de l'eau (f)	water
de l'eau minérale (f)	mineral water
de la limonade	lemonade
du jus de fruit	fruit juice
du lait	milk
du coca	coke
du vin	wine
des boissons chaudes (f pl)	**hot drinks**
du café	coffee
du thé	tea
un chocolat chaud	hot chocolate

- **talk about breakfast**

du pain	bread
des croissants (m pl)	croissants
du beurre	butter
de la confiture	jam
de la confiture d'oranges	marmalade
des toasts (m pl)	toast
des céréales (f pl)	cereal
du sucre	sugar
un œuf	egg
des œufs au bacon (m pl)	bacon and egg

- **accept or refuse food and drink politely**

Oui, s'il vous plaît.	Yes please.
Oui, je veux bien.	Yes I would like some.
Non, merci.	No thank you.
C'est (très) bon/délicieux.	It's (very) nice/delicious.
Encore du …?	Some more …?
Merci, j'ai assez mangé.	No thank you, I've had enough.

- **say what food and drink you like and dislike**

J'aime (beaucoup) le/la/les …	I (really) like …
Je regrette, mais je n'aime pas beaucoup ça.	I'm sorry but I don't like that much.

- **use the words for 'some' – *du, de la, de l', des***

- **use the verb *prendre***

je prends	*nous prenons*
tu prends	*vous prenez*
il/elle/on prend	*ils/elles prennent*

- **use the negative to say 'not'**

ÉPREUVE: Écouter

A Le pique-nique

Écoute et écris la bonne lettre.

Ex.

1 ..f..... **2** ....

3 .... **4** ....

5 .... **6** ....

7 .... **8** ....

/7

B Le petit déjeuner

Écoute les conversations et coche les bonnes cases.

Ex. 1	✓			✓			
2							
3							
4							
5							
6							

/6

C À table

Écoute et choisis la bonne réponse.

Exemple: 1 a

1 Comme boissons, il y a
- **a** de la limonade et de l'eau ☑
- **b** du vin et de l'eau ☐
- **c** du jus de fruit et de l'eau ☐

2 Pour commencer, il y a
- **a** du potage ☐
- **b** du melon ☐
- **c** de la salade de tomates ☐

3 Comme plat, il y a
- **a** de l'omelette au jambon ☐
- **b** de l'omelette au fromage ☐
- **c** de l'omelette nature ☐

4 Comme légumes, il y a
- **a** des pommes de terre et du chou ☐
- **b** des pommes de terre et du chou-fleur ☐
- **c** des carottes et des haricots verts ☐

5 Claire ...
- **a** reprend de l'omelette ☐
- **b** ne reprend pas d'omelette ☐
- **c** n'aime pas les omelettes ☐

6 Elle ...
- **a** prend de la salade ☐
- **b** ne prend pas de salade ☐
- **c** n'aime pas la salade ☐

7 Elle ...
- **a** prend du fromage ☐
- **b** ne prend pas de fromage ☐

/7

8 Comme fruit, elle prend
- **a** une pêche ☐
- **b** une poire ☐
- **c** une pomme ☐

TOTAL /20

ÉPREUVE: Lire

A Le déjeuner

Écris la bonne lettre.

Exemple:
1 du jambon ...a..... **2** du fromage .... **3** du poisson .... **4** des petits pois ....

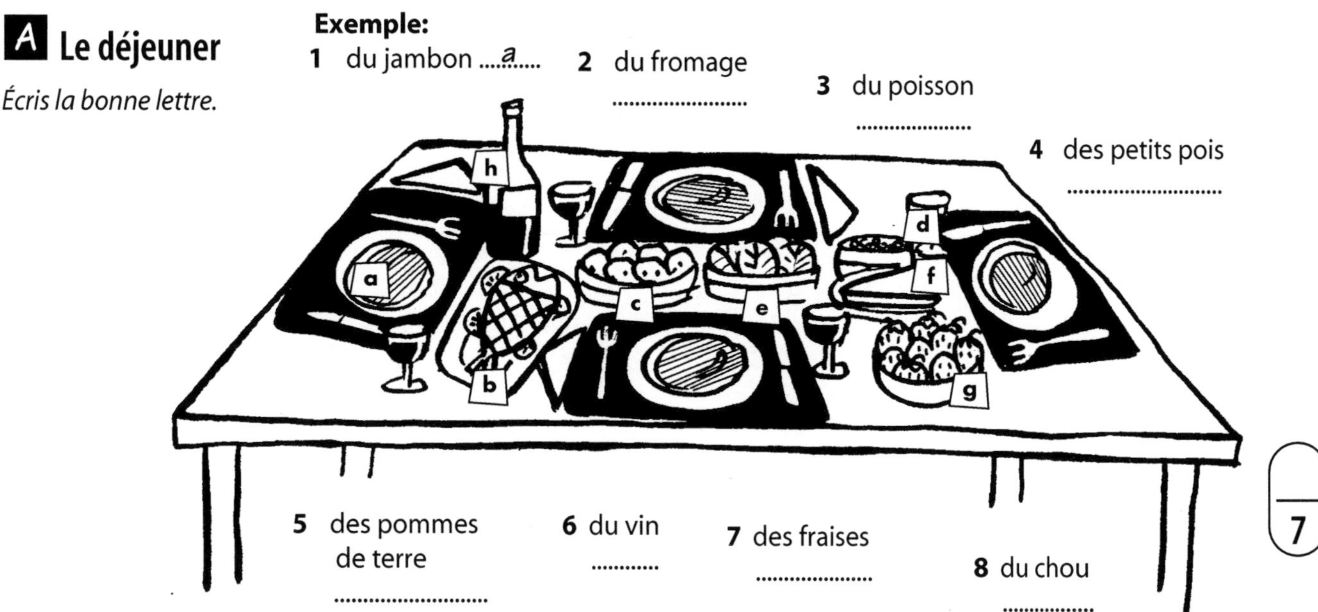

5 des pommes de terre .... **6** du vin .... **7** des fraises .... **8** du chou ....

—/7

B Mon repas idéal

*Lis le message et les phrases et écris **vrai** ou **faux.***

> Voici mon repas idéal. Pour commencer, je prends du melon (j'adore ça mais je n'aime pas beaucoup le potage). Comme plat principal, je prends du poisson avec des frites et des haricots verts, (je déteste les petits pois!). Puis je mange un peu de fromage mais pas de salade, et comme dessert, un gâteau au chocolat. Mmm – délicieux. Et comme boisson, je prends un coca.
> Michel

1 Michel aime le potage. ...faux... (**Ex.**)
2 Pour commencer, Michel prend du melon. ....
3 Il prend du poulet comme plat principal. ....
4 Comme légumes, il préfère les petits pois. ....
5 Il mange un peu de salade. ....
6 Comme dessert, il préfère les fruits. ....
7 Comme boisson, il prend de l'eau. ....

—/6

C Une conversation

Trouve les bonnes réponses.

Ex. 1 ...d... **2** .... **3** .... **4** .... **5** .... **6** .... **7** .... **8** ....

1 Qu'est-ce qu'on mange, ce soir?
2 Qu'est-ce que tu veux boire?
3 Tu veux encore du pâté?
4 Qu'est-ce que tu prends comme légumes?
5 C'est bon, le poulet?
6 Est-ce que tu aimes la salade?
7 Tu aimes les fruits?
8 Tu prends du lait dans le thé?

a Non merci, j'ai assez mangé.
b C'est délicieux, Madame.
c Oui, surtout les pêches.
d Pour commencer, il y a du pâté, puis il y a du poulet avec des frites et du chou-fleur, et comme dessert, des fruits.
e Non, je regrette, mais je n'aime pas beaucoup ça.
f Je voudrais des frites et du chou-fleur, s'il vous plaît.
g Oui, s'il vous plait, mais pas de sucre.
h De l'eau, s'il vous plaît.

TOTAL

ÉPREUVE: Écrire et grammaire

A Une liste

Écris la liste.

Exemple:

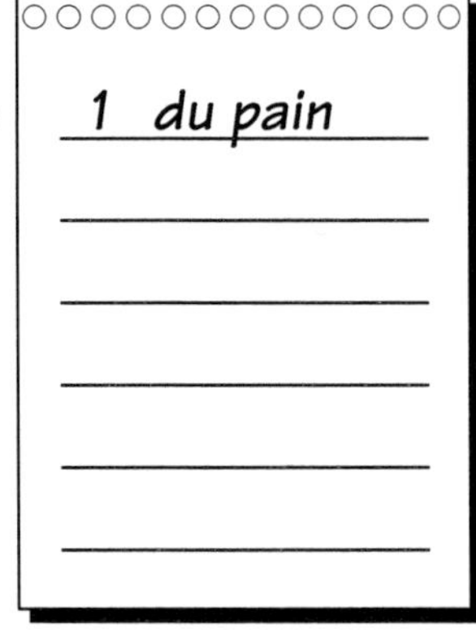

/5

B Qu'est-ce qu'on prend?

Complète les phrases avec la forme correcte du verbe ***prendre****.*

1 Est-ce que vous ...*prenez*.......... un dessert? (**Ex.**)

2 Oui, nous .... la tarte aux pommes.

3 Et les enfants, est-ce qu'ils .... un dessert?

4 Oui, Marc .... une glace et Lucie, un gâteau.

5 Est-ce que tu .... un café?

6 Non merci, mais je .... un thé.

/5

C Ça ne va pas!

Complète les phrases avec un verbe à la forme négative.

1 **Ex.** Il *ne fait pas* beau. (faire)

2 Je .... au football. (jouer)

3 Mes amis .... (téléphoner)

4 Je .... content. (être)

/6

D Mon repas idéal

Lis le message et la question et écris une réponse. Indique **quatre** *choses que tu aimes manger.*

Voici mon repas idéal. Pour commencer, je prends du pâté, puis du poulet avec des frites et des petits pois. Et comme dessert, une tarte aux pommes. Et comme boisson, de la limonade. Et toi? Quel est ton repas idéal?

....

....

....

....

....

....

....

TOTAL

Les loisirs

1 Des sports et des loisirs

Trouve les paires pour compléter les phrases et les mots.
Exemple: 1 e

1 faire du	**a** -létisme
2 faire de l'-	**b** -nastique
3 faire de la gym-	**c** équitation
4 faire de l'ath-	**d** cartes
5 faire du patin	**e** dessin
6 faire du vélo	**f** de table
7 jouer aux jeux	**g** tennis
8 jouer au	**h** tout terrain
9 jouer aux	**i** vidéo
10 jouer au tennis	**j** à roulettes

2 Où sont les voyelles?

Complète les mots avec des voyelles et écris l'anglais.
Exemple: 1 *la pe̲i̲ntu̲re̲ = painting*

1 la p__ __nt__r__

2 des pr__m__n__d__s

3 la v__ __l__

4 f__ __r__ d__ l__ n__t__t__ __n

5 la l__ct__r__

6 j__ __ __r __ __x __ch__cs

7 j__ __ __r d__ v__ __l__n

8 f__ __r__ d__s ph__t__s

9 f__ __r__ d__ sk__

10 j__ __ __r d__ l__ b__tt__r__ __

3 Le jeu des définitions

Trouve les activités correctes pour chaque définition.
Exemple: 1 b *(l'équitation)*

1 Pour faire ce sport, un cheval est nécessaire.
2 Tu aimes la nature et l'exercice, alors cette activité est peut-être pour toi. (C'est très utile si tu as un chien.)
3 On pratique ce sport à la piscine, au bord de la mer ou au lac.
4 C'est un sport où on joue à deux ou à quatre. Chaque année il y a un célèbre championnat à Wimbledon à Londres et à Roland Garros à Paris.
5 On pratique ce sport surtout à la montagne en hiver.
6 Pour faire ce sport, un vélo est nécessaire.
7 Pour faire cette activité, un ordinateur ou une console et des manettes sont nécessaires.
8 Pour faire ce sport, un bateau est nécessaire.

a la voile
b l'équitation
c le tennis
d faire des promenades
e le cyclisme
f la natation
g les jeux vidéo
h le ski

4 Une semaine active

*Imagine que c'est **ton** journal.*
Qu'est-ce que tu fais chaque jour de la semaine?
Exemples: 1 *Lundi, je joue au badminton.*
4 *Jeudi, je fais de l'équitation.*

1 lu 

2 ma 

3 me 

4 je 

5 ve 

6 sa 

7 di 

faire

1 Faire – to do, make

Complète le verbe.

je fais	*I do, make*	.... faisons	*we do, make*
.... fais	*you do, make*	vous	*you (plural, polite) do, make*
il/elle/on	*he/she/one does, makes*	ils/elles	*they do, make*

2 Des questions

Complète les questions.

1 Quel temps .... -il?
2 Qu'est-ce que vous .... comme sports au collège?
3 Tes parents, est-ce qu'ils .... du sport?
4 Où est-ce que tu .... tes devoirs?
5 Qu'est-ce que Christophe .... pendant les vacances?
6 Est-ce que Sophie .... du théâtre, aujourd'hui?
7 À ton collège, est-ce qu'on .... souvent de l'informatique?
8 Tes sœurs, est-ce qu'elles .... beaucoup de sport?

3 Des réponses

Complète les réponses.

a Il .... un stage de musique.
b Non, elle .... de la peinture.
c Il .... froid, mais il .... beau.
d Nous .... de la natation et de l'athlétisme.
e Oui, assez souvent. On .... ça aussi dans un club d'informatique.
f Oui, ils .... des promenades, ma mère adore ça.
g Je .... mes devoirs dans ma chambre ou dans la salle à manger.
h Marie .... de l'athlétisme. Claire déteste le sport, mais elle .... de l'informatique.

4 Trouve les paires

Regarde les activités 2 et 3 et trouve les paires.

Exemple: 1 c **1** .... **2** .... **3** .... **4** .... **5** .... **6** .... **7** .... **8** ....

5 Mots croisés

Horizontalement

1 À la montagne, nous ... du ski tous les week-ends.
5 Comme ... fait chaud aujourd'hui!
8 ..., c'est vrai. Moi, j'ai très chaud.
9 Ce matin, Sophie fait de la gymnastique et cet après-midi, ... fait de l'athlétisme.
11 Et toi, qu'est-ce que ... fais aujourd'hui?

Verticalement

1 Est-ce que vous ... un stage ici?
2 Robert adore les sports d'hiver. ... aime surtout le ski.
3 Il fait beau, alors qu'est-ce qu'... fait?
4 Cet après-midi, je ... une promenade à la campagne.
6 Les garçons ... du vélo.
7 Moi, ... fais un gâteau d'anniversaire pour ma mère.
10 Vous aimez faire de ... natation?

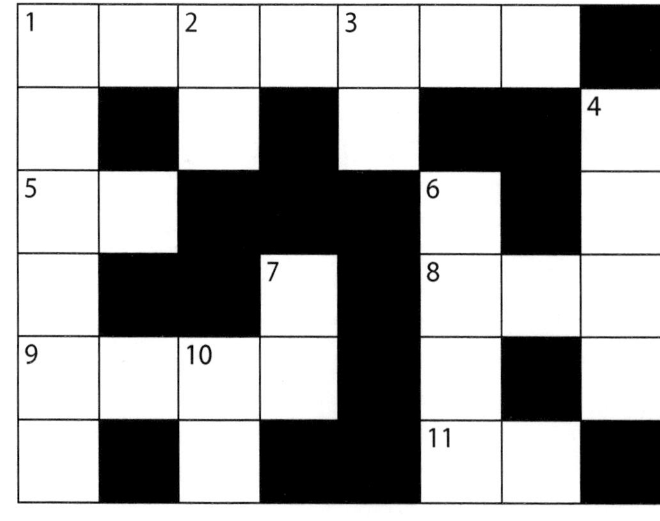

À la maison

1 (Presque) tout le monde travaille

Lis les phrases et trouve les paires.

1 Claire fait la cuisine.
2 Marc et Simon travaillent dans le jardin.
3 Anne et Jean-Pierre font la vaisselle.
4 Linda range sa chambre.
5 Maman passe l'aspirateur.
6 Papa lave la voiture.
7 Loïc fait les courses.
8 Suzanne fait une promenade avec le chien.
9 Éric et David sont fatigués. Ils regardent la télévision.

Exemple: 1 b

2 Des phrases mélangées

Écris les phrases correctement.
Exemple: 1 *J'aime faire la cuisine.*

1 la cuisine J'aime faire
2 Mon faire la vaisselle déteste frère
3 aiment Les enfants la voiture laver
4 Est-ce que à la maison tu aides ?
5 Je beaucoup passer n'aime pas l'aspirateur
6 Quelquefois dans le jardin travaille je
7 J'adore courses en ville faire les
8 Mon père beaucoup avec le chien aime des promenades faire

1 ....
2 ....
3 ....
4 ....
5 ....
6 ....
7 ....
8 ....

3 Et toi, qu'est-ce que tu aimes faire?

Écris quatre phrases.
Exemple: *J'aime faire les courses.*

<table>
<tr><td>J'aime
Je n'aime pas</td><td>faire la cuisine.
faire la vaisselle.
faire les courses.
faire des promenades avec le chien.
travailler dans le jardin.
travailler dans la maison.
ranger ma chambre.
laver la voiture.
passer l'aspirateur.</td></tr>
</table>

....
....
....
....

Sébastien et Vivienne A

Travaillez à deux

Tu as les détails de Sébastien, un élève français.
Ton partenaire a les détails d'une élève qui s'appelle Vivienne.
Pose des questions pour faire un profil de Vivienne.
Voici des idées:

Des questions

Vivienne, qu'est-ce qu'elle aime / Qu'est-ce qu'elle n'aime pas } comme sport? / comme autres activités? / comme vêtements?

Des réponses
Elle aime la natation.

Tu commences.

	Sébastien	Vivienne
Comme sports		
aime	le rugby	....
n'aime pas	le badminton	....
Comme autres activités		
aime	les jeux vidéo	....
n'aime pas	les échecs	....
Comme vêtements		
aime	les joggings	....
n'aime pas	les chemises	....

Sébastien et Vivienne B

Travaillez à deux

Tu as les détails de Vivienne, une élève française.
Ton partenaire a les détails d'un élève qui s'appelle Sébastien.
Pose des questions pour faire un profil de Sébastien.
Voici des idées:

Des questions

Sébastien, qu'est-ce qu'il aime / Qu'est-ce qu'il n'aime pas? } comme sport? / comme autres activités? / comme vêtements?

Des réponses
Il aime le rugby.

Ton (Ta) partenaire commence.

	Sébastien	Vivienne
Comme sports		
aime	....	la natation
n'aime pas	....	le football
Comme autres activités		
aime	....	la musique
n'aime pas	....	le dessin
Comme vêtements		
aime	....	les jupes
n'aime pas	....	les baskets

24 heures

1 Quelle heure est-il?

Exemple: 1 b

1 00.15
2 23.55
3 20.10
4 19.25

a Il est vingt et une heures cinquante.
b Il est minuit et quart.
c Il est quinze heures vingt.
d Il est treize heures quarante-cinq.
e Il est minuit moins cinq.
f Il est vingt heures dix.
g Il est seize heures trente.
h Il est dix-neuf heures vingt-cinq.

5 16.30
6 21.50
7 13.45
8 15.20

2 Autrement dit

Trouve les paires.
Exemple: 1 e

1 Le film commence à vingt heures.
2 Je prends le train de quinze heures.
3 Il arrive à dix-neuf heures trente.
4 Alors rendez-vous à vingt et une heures au café.
5 Le match commence à quatorze heures trente.
6 On joue au tennis à seize heures vingt.

a C'est à dire à neuf heures du soir.
b C'est à dire à sept heures et demie du soir.
c C'est à dire à trois heures de l'après-midi.
d C'est à dire à deux heures et demie de l'après-midi.
e C'est à dire à huit heures du soir.
f C'est à dire à quatre heures vingt de l'après-midi.

3 Ça ouvre … ça ferme

Complète les details.

L'hypermarché

HEURES D'OUVERTURE
lundi 14h30 à 20h
mardi 10h à 20h
mercredi 10h à 20h
jeudi 10h à 20h
vendredi 10h à 22h
samedi 10h à 18h

La piscine

HORAIRES D'OUVERTURE

L	fermé
M	17h à 19h
M	12h à 19h30
J	17h à 19h
V	17h à 21h
S	10h à 19h
D	08h à 13h

Exemple: 1 Le samedi, l'hypermarché ouvre à *dix heures* et ferme à *dix-huit heures.*

1 Le samedi, l'hypermarché ouvre à ....
et ferme à ....

2 Le lundi, l'hypermarché ouvre à ....
et ferme à ....

3 Le vendredi, l'hypermarché ouvre à ....
et ferme à ....

4 Le mercredi, la piscine ouvre à ....
et ferme à ....

5 Le vendredi, la piscine ouvre à ....
et ferme à ....

6 Le dimanche, la piscine ouvre à ....
et ferme à ....

C'est à qui?

1 Les mots qui manquent

Complète le tableau.

	singular			plural
	masculine	feminine	before a vowel	(all forms)
my	mon	ma	mon	....
your (sing)	....	ta	ton	....
his/her/its	son	....	....	ses
our	notre			....
your (plural, polite)	....			vos
their	leur			....

2 Complète les phrases

A Corinne va à la plage
Complète les phrases avec ***ton, ta*** *ou* ***tes.***
Exemple: 1 *tes*

1 Tu as toutes t.......... affaires, Corinne?
2 Tu as t......... veste (f)?
3 Tu as t......... maillot de bain (m)?
4 Tu as .... appareil-photo?*
5 Tu as .... sandwichs (mpl)?

B Patrick adore l'informatique
Complète les phrases avec ***son, sa*** *ou* ***ses.***
Exemple: 1 *ses*

1 Voici s......... affaires.
2 Voici s.......... console (f).
3 Voici s.......... ordinateur.*
4 Voici .... manettes (f pl).
5 Et voici .... jeux (m pl).

* For these, you don't need to know whether the word is masculine or feminine – can you work out why?

3 Notre collège

Complète la description avec les détails de ton collège.
Utilise les mots ***notre*** (with a singular word) *ou* ***nos*** (with a plural word).
Exemple: 1 *Notre*

1 N................ collège s'appelle .... (Nom?)
2 N............... classe s'appelle .... (Nom?)
3 N............... professeur de français s'appelle .... (Nom?)
4 N.............. bâtiments sont .... (vieux ou modernes?)
5 N............ élèves sont tous très intelligents.

4 Une famille musicale

Barre les mots incorrects.
Exemple: 1 *Notre/~~Nos~~ maison*

1 Notre/Nos maison n'est pas très grande, mais tout le monde joue d'un instrument de musique.
2 Mon/Ma/Mes père joue de la guitare. Il joue de son/sa/ses guitare dans le salon.
3 Mon/Ma/Mes mère joue du violon. Elle joue de son/sa/ses violon dans la cuisine.

4 Mon/Ma/Mes frères jouent de la trompette et de la batterie. Ils jouent de leur/leurs instruments dans leur/leurs chambre.
5 Mon/Ma/Mes grand-père joue de l'accordéon. Il joue de son/sa/ses accordéon dans le garage.
6 Est-ce que votre/vos famille est musicale aussi?
7 Non, notre/nos famille est plutôt sportive.

La page des lettres

1 Je cherche un(e) correspondant(e)

Salut!
C'est moi, Sophie, et j'ai douze ans. Je voudrais correspondre avec filles ou garçons de 11 à 13 ans. Je fais de la natation, de la gymnastique et du vélo. Réponse assurée à 100%. Photo si possible!
Sophie Grandet, *Genève, Suisse (lettre 265)*

Bonjour!
Nous sommes frère et sœur, Mélissa (11 ans) et Denis (13 ans) et nous cherchons, tous les deux, un corres. blanc, noir ou jaune, parlant français ou anglais. Nous aimons les animaux, le ski, le karting et l'informatique. Nous détestons le racisme et la violence.
Écrivez-nous vite! (avec une photo si possible.)
Mélissa et Denis Bouron, Montréal (Canada) (lettre 266)

Salut à tous!
Ici Thomas (13 ans). Je cherche correspondant(e)s de toutes nationalités, mais parlant et écrivant français. Moi, j'adore le football, la musique et aller au cinéma. Tous à vos stylos! Faites exploser ma boîte aux lettres!
Thomas Pierrot, *Paris (lettre 267)*

Salut!
Nous, nous sommes quatre amis de La Rochelle qui cherchons quatre correspondants (amis aussi) pour faire un échange. Nous sommes deux garçons, Manuel et Nicolas, puis les filles, Delphine et Marie-Claire – 13 ans, tous les quatre. Nous adorons les vacances, la musique, la nature et beaucoup d'autres choses. Les garçons aiment les discothèques, mais les filles préfèrent le rugby!
Si vous parlez français, écrivez-nous – mais vite!
Réponses assurées à 200%!
Manuel Gironde, Nicolas Gaudron, Delphine Lomer et Marie-Claire Cédillon, La Rochelle (lettre 268)

Les personnes qui écrivent ces lettres, qui sont-elles? Lis leurs lettres et complète ce petit résumé.
Exemple: a *4*

a .... de ces personnes habitent à La Rochelle.
b .... de ces personnes n'habitent pas en France.
c .... personnes ont 13 ans.
d .... filles aiment le sport.
e .... garçons aiment le sport.
f .... personnes aiment la musique.
g .... personnes aiment les animaux.
h .... personnes cherchent uniquement des correspondant(e)s qui parlent français.

2 Les loisirs

*Écris **vrai** ou **faux**, et corrige les erreurs.*
Exemple: 1 *faux – Mathilde aime/adore cuisiner.*

1 Mathilde n'aime pas cuisiner.
2 Mathieu aime les voitures américaines, mais il n'aime pas les modèles anglais.
3 Mathilde a presque 50 recettes pour les pommes de terre.
4 Mathilde collectionne les photos d'animaux.
5 Mathieu aime échanger les voitures miniatures.

1 ....
2 ....
3 ....
4 ....
5 ....

Tricolore
Location http://www.cm2000.co.fr

– En échange

Salut!
Je m'appelle Mathieu. Ma passion, c'est ma collection de vieilles voitures miniatures. J'aime surtout les modèles de voitures anglaises, mais aussi les marques américaines comme Chevrolet ou Ford. Vous en avez à vendre ou à échanger? Envoyez-moi une petite description et une photo, si possible.
Mathieu David (lettre 144)

Bonjour!
Ici Mathilde, 13 ans. Moi, je fais la collection de recettes - j'adore faire la cuisine! J'aime surtout les desserts, mais j'ai aussi presque cinquante recettes pour les pommes de terre! Envoyez-moi votre recette préférée. En échange ou deux de mes recettes favorites ou, si vous n'aimez pas cuisiner, des photos de vos stars préférées.
Mathilde Joulin (lettre 145)

Tu comprends?

1 On fait du sport

Écoute les conversations et trouve les paires.

Exemple: 1 c

Les personnes **Les sports**

1 Sophie ....
2 Marc et Luc ....
3 Sika ....
4 Claire et Nicole ....
5 Charles ....
6 Karim ....
7 Lucie ....
8 Paul et Sanjay ....

2 Enquête loisirs

Écoute les conversations et complète la grille.

1			✓				
2							
3							
4							
5							
6							
7							

3 Je n'aime pas ça!

Écoute les conversations. Qu'est-ce que les personnes n'aiment pas faire? Complète la grille avec la lettre qui correspond et note la raison.

	Activité	Raison
1	*e*	*pas amusant*
2		
3		
4		
5		
6		

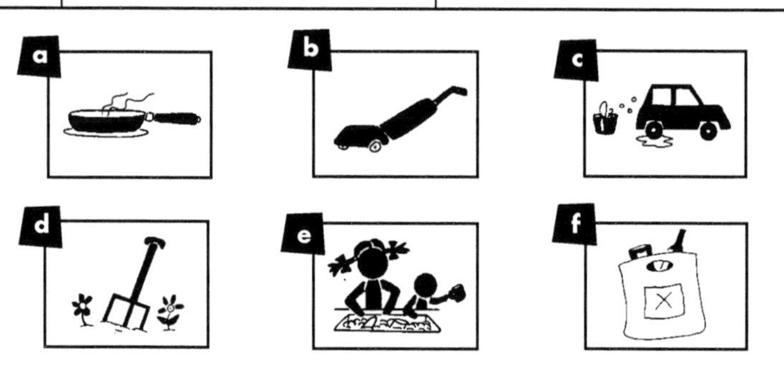

Les raisons	difficile	pas intéressant
ennuyeux	pas amusant	fatigant

4 C'est quand?

Écoute les conversations et note l'heure.
Exemple: 1 *21h 30*

1 .... 2 .... 3 .... 4 ....
5 .... 6 .... 7 .... 8 ....

SOMMAIRE

Now you can . . .

- **talk about sporting activities**

Est-ce que tu aimes le sport?	Do you like sport?
Je joue au badminton.	I play badminton.
au cricket.	cricket.
au football.	football.
au golf.	golf.
au rugby.	rugby.
au tennis.	tennis.
Je fais de la gymnastique.	I do gymnastics.
du cyclisme.	I go cycling.
du VTT.	mountain-biking.
de l'équitation.	horse-riding.
de la natation.	swimming.
de la planche à voile.	wind-surfing.
du ski.	skiing.
de la voile.	sailing.
du roller.	roller blading.
du skate.	skate-boarding.

- **talk about music . . .**

Est-ce que tu aimes la musique?	Do you like music?
Je joue du piano.	I play the piano.
du violon.	the violin.
de la guitare.	the guitar.
de la flûte.	the flute.
de la flûte à bec.	the recorder.
de la batterie.	the drums.
J'aime la musique, mais je ne joue pas d'un instrument.	I like music, but I don't play an instrument.

- **. . . and other activities**

Est-ce que tu fais autre chose?	Do you do anything else?
Je fais du dessin.	I do drawing.
de la peinture.	painting.
du théâtre.	drama.
des photos.	I take photos.
Je joue sur l'ordinateur.	I play on the computer.
aux cartes.	cards.
aux échecs.	chess.
aux jeux vidéo.	computer games.

- **talk about what you do to help at home**

faire la cuisine	to cook
faire la vaisselle	to wash up
faire les courses	to do the shopping
laver la voiture	to wash the car
passer l'aspirateur	to do the hoovering
ranger la chambre	to tidy the bedroom
travailler dans le jardin	to work in the garden

- **talk about holiday items**

On part en vacances.	We're going away on holiday.
Qu'est-ce qu'on prend?	What shall we take?
anorak (m)	anorak
appareil(-photo) (m)	camera
chemise (f)	shirt
chemisier (m)	blouse
jean (m)	jeans
lunettes de soleil (f pl)	sunglasses
maillot de bain (m)	swimming costume
parapluie (m)	umbrella
pyjama (m)	pyjamas
sandales (f pl)	sandals
valise (f)	suitcase
veste (f)	jacket

- **understand the 24 hour clock**

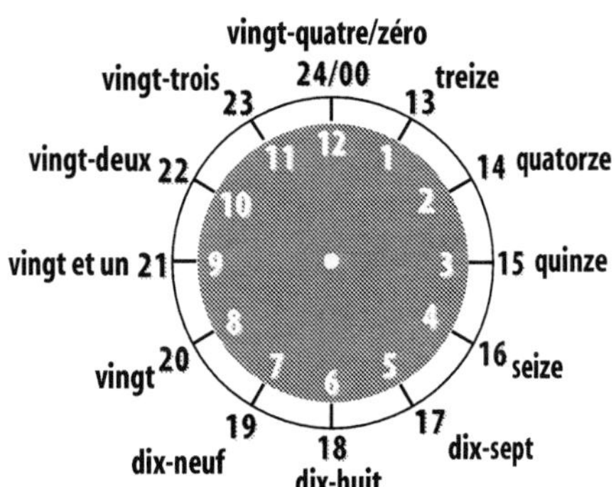

- **use the verb *faire***

je fais	*nous faisons*
tu fais	*vouse faites*
il/elle/on fait	*ils/elles font*

- **use *jouer* + *à* with sports and games**
- **use *jouer* + *de* with musical instruments**
- **use a verb followed by an infinitive**
- **use possessive adjectives**

ÉPREUVE: Écouter

A Tu aimes ça?

Écoute et écris la bonne lettre. **Ex. 1** ...b... **2** .... **3** .... **4** .... **5** .... **6** ....

a  b  c  d  e  f  g  h 

B Quelle heure est-il?

Écoute et écris la bonne lettre. **Ex. 1** ...b... **2** .... **3** .... **4** .... **5** .... **6** ....

a 

b 

c 

d 

e 

f 

C On part en vacances

Chaque personne oublie une chose.
Écoute et écris la bonne lettre. **Ex. 1** ...b... **2** .... **3** .... **4** .... **5** .... **6** ....

	a	b	c	d
1 Jean-Pierre				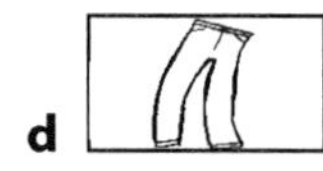
2 Mathilde				
3 Christophe	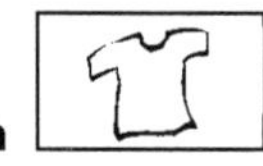			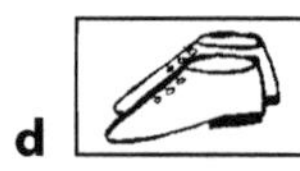
4 Claire	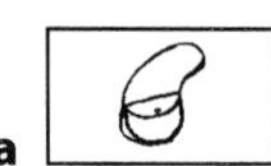			
5 Mme Martin				
6 M. Dunois				

D Au club des jeunes

*Écoute les descriptions et écris **vrai** ou **faux**.*

1 ...vrai... **2** .... **3** ....

4 .... **5** .... **6** ....

TOTAL

ÉPREUVE: Lire

A J'aide à la maison

Lis la lettre et mets les images dans l'ordre.
Exemple: ...f...

Chère Linda
Aujourd'hui je travaille beaucoup. Ce matin, je fais la vaisselle avec mon frère. Après ça, je range ma chambre un peu et je passe l'aspirateur dans le salon. À midi, je fais les courses en ville. L'après-midi, comme il fait beau, je tavaille un peu dans le jardin, et je lave la voiture.
Tu sais pourquoi? C'est parce que je voudrais demander la permission à mes parents d'aller au concert de rock, dimanche!
À bientôt!
Annie

B Questions et réponses

Trouve les paires. **Ex. 1** ...b... **2** .... **3** .... **4** .... **5** .... **6** .... **7** ....

Les questions

1. Est-ce que tu fais du sport?
2. Tu aimes la musique?
3. Qu'est-ce que tu fais pour aider à la maison?
4. Aimes-tu travailler sur l'ordinateur?
5. La piscine ouvre à quelle heure?
6. Est-ce que tu fais une promenade avec ton chien, ce soir?
7. Est-ce que tu aimes faire du skate?
8. Tu joues aux jeux vidéo, le soir?

Les réponses

- **a** Ce soir? Oui, s'il fait beau.
- **b** Oui, je joue au basket et je fais de la natation.
- **c** Oui, j'aime bien écrire des e-mails à mes amis et surfer sur le Net.
- **d** J'adore écouter des CDs, mais je ne joue pas d'instrument.
- **e** Je n'ai pas de skate, mais j'aime faire du patin à roulettes.
- **f** À une heure et demie.
- **g** Non, nous n'avons pas de jeux.
- **h** Quelquefois, je fais la cuisine - j'aime bien ça.

C Sébastien est en vacances

Lis la lettre de Sébastien et les phrases 1 à 9.
*Écris **V** (vrai) ou **F** (faux) après chaque phrase.*

Salut!
Je fais du camping près d'une ferme, avec ma mère, ma tante et mes deux cousins, Charles et Simon. Il y a un petit village tout près et nous ne sommes pas loin de la ville. C'est très calme ici, mais ce n'est pas ennuyeux. Le matin, nous allons au village pour acheter du lait et du pain, et puis nous prenons le petit déjeuner dans le jardin. Heureusement, il y a du soleil et il fait assez chaud, mais pas trop! Nous faisons du VTT et quelquefois, nous faisons des excursions dans la région. C'est une région très intéressante.
À bientôt!
Sébastien

1. Sébastien est en vacances. **Ex.** ☑ V
2. Sébastien, son père et sa mère font du camping avec leurs cousins. ☐
3. Sébastien a deux cousins, une fille et un garçon. ☐
4. La ferme est assez près de la ville. ☐
5. Sébastien pense qu'il est ennuyeux de faire du camping. ☐
6. Pour acheter des provisions pour le petit déjeuner, les enfants vont en ville. ☐
7. Il fait beau pendant les vacances de Sébastien. ☐
8. Sébastien et sa famille font du cyclisme pendant leurs vacances. ☐
9. Ils ne font pas d'excursions, parce qu'il n'y a pas beaucoup de choses à voir dans la région. ☐

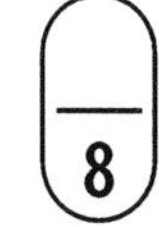

TOTAL

ÉPREUVE: Écrire et grammaire

A Un serpent

Trouve et copie:

Trois sports **Exemple:** *la voile,* ....

Deux instruments de musique ....

Deux autres activités ....

Un vêtement ....

lavoileleviolonledessinunmaillotdebainlanatationlecyclismelaguitarelapeinture

/4

B Un questionnaire sur les loisirs

Les élèves de la classe 6ᵉB répondent au questionnaire. Complète les réponses de Daniel.

Pour t'aider

joue au aux fais de la au

QUESTIONNAIRE

A **Tu fais quels sports?**
Je joue **(1)** ...*au*... football et **(2)** .... rugby et je **(3)** .... de la gymnastique.

B **Tu joues de quels instruments de musique?**
Je **(4)** .... du piano et **(5)** .... guitare.

C **Tu fais quels autres loisirs?**
Je joue **(6)** .... jeux vidéo.

/5

C Une lettre

Lis la lettre de Sophie et complète la réponse.

Pour t'aider

mon ma mes fais prendre baskets maillot de bain suis

Salut!
C'est bientôt les vacances, tu es contente?
Est-ce que tu fais ta valise ou ton sac à dos?
Est-ce que tu as tes baskets (pour faire des promenades) et ton maillot de bain?
Surtout prends ton appareil-photo!
Au revoir!
Sophie

Salut!
Merci de ta lettre.
Oui, je (1) ....*suis*........ très contente!
Oui, je (2) .... (3) .... valise.
J'ai (4) .... pour les promenades et (5) ....
Je vais (6) p.................. mon appareil, parce que j'adore faire des photos.
À bientôt!
Caroline

/5

D À toi!

Réponds aux questions. (Écris des phrases complètes.)

Exemple: 1 *Non, je n'aime pas beaucoup le sport.*

1 Est-ce que tu aimes le sport?
....

2 Tu préfères quel sport ?
....

3 Est-ce que tu aimes la musique?
....

4 Qu'est-ce que tu fais le samedi?
....

5 Où vas-tu en vacances cette année?
....

6 Est-ce que tu vas souvent en ville?
....

/6

TOTAL /20

1 LIRE – C'EST FACILE

Use the clues!

As you read a story, or any other text in French, use all the clues that you can find to help you understand:

1 The illustration often helps.
2 Sometimes words are similar enough to the English to enable you to guess the meaning (these words are known as cognates).
3 Use the words that you do already know to help you guess the meanings of new words. Sometimes a new word is similar to one you already know. For example, you know *magnéto**phone*** (tape recorder), so you could probably work out that *magnéto**scope*** = video recorder.
4 Prefixes and suffixes can sometimes help too, e.g.
in/im = not (***im**possible, **in**active)*
para = against (***para**pluie = against the rain)*
temps = time *(long**temps** = (for) a long time)*
ment = 'ly' *(finale**ment** = finally).*

Henri ou Henriette? (page 32)

A *Voici des mots qui sont importants dans cette histoire. Écris les mots en anglais.*
Exemple: 1 *adopt*
1 **adopter** un chat
2 la **Société pour la Protection Animalière**
3 **gardez** votre chat dans la maison
4 **hélas**, Henri n'est pas là.
5 laissez la cage **ouverte**
6 Quand le chat entre dans la cage, la porte **ferme**.
7 Quel **désastre**!
8 **un hérisson** *(Regarde l'image.)*

B *Trouve les mots dans l'histoire. Ça commence avec C.*
Exemple: 1 *un chat*
1 un animal
2 une pièce dans la maison
3 Quelquefois, un perroquet ou une perruche habite ici.
Maintenant, ça commence avec P.
4 On ouvre ou ferme ça (ce n'est pas une fenêtre).
5 Ce n'est pas exactement un animal et ce n'est pas un oiseau. Il habite normalement dans une rivière ou dans la mer.

C *Mets les phrases dans l'ordre pour raconter l'histoire.*
Exemple: *1, 7, ...*
1 M. et Mme Martin décident d'adopter un chat.
2 M. Simon donne un chat à Mme Martin.
3 M. Simon donne une grande cage à M. et Mme Martin.
4 Il y a un hérisson dans la cage.
5 Il y a un grand chat dans la cage, mais ce n'est pas Henri.
6 M. Martin trouve Henriette devant la porte – avec son petit.
7 Ils téléphonent à la Société pour la Protection Animalière.
8 Le chat saute par la fenêtre.
9 Les Martin laissent la grande cage devant la porte avec du poisson.
10 M. et Mme Martin cherchent le chat dans la maison et dans le jardin. Enfin, ils téléphonent encore une fois à la Société pour la Protection Animalière.

Deux comptines 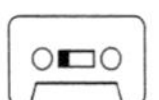 (page 33)

Écoute les comptines. Trouve les mots qui riment.
Exemple: 1 b

1 deux	**a** l'oie
2 un œuf	**b** bleue
3 six	**c** le Pont Neuf
4 sept	**d** exercice
5 froid	**e** blues
6 douze	**f** poulette

(page 33)

Les Extra-terrestres

Complète les phrases.
Exemple: 1 Mars a *deux* parents.

1 Mars a ... parents.
2 Mars a ... frère et ... sœur.
3 La sœur de Mars s'appelle ... .
4 Le ... de Mars s'appelle Jupiter.
5 Planète est ... .
6 Lune est ... .
7 La correspondante de Mars s'appelle ... .

Internet et les extra-terrestres

Copie les mots dans l'ordre alphabétique et écris l'anglais.
Exemple: 1 *circulaire – circular*

signal communiquer message solution gigantesque possible téléscope explorer circulaire identifier

Tom et Jojo (page 63)

Regarde l'histoire de Tom et Jojo.
Choisis les mots corrects pour compléter les phrases.
Exemple: 1 *adore*

Regarde les images pour t'aider à comprendre l'histoire.

1 Jojo *adore/déteste* le fromage.
2 Aujourd'hui, *il y a du fromage/il n'y a pas de fromage* dans la cuisine.
3 Aujourd'hui, *il y a du fromage/il n'y a pas de fromage* dans la salle à manger.
4 À la fin de l'histoire, Tom *est/n'est pas* content.
5 À la fin de l'histoire, Jean-Pierre *est/n'est pas* content.
6 À la fin de l'histoire, Jojo *est/n'est pas* contente.
7 *Tom/Jean-Pierre/Jojo* gagne le fromage.

2 LIRE – C'EST FACILE

Reading for detail or reading for gist

There are different ways of reading, for example reading for detail or reading for gist.

- Sometimes you need to pay careful attention to detail, for example to find out particular things from an advertisement, or someone's name or address.
- If you are reading a story, however, it often doesn't matter if there are a few words that you don't understand. Try reading through fairly quickly to get the main points. Then go back again, looking up a few key words if there are parts of the story you really can't follow.
- And don't forget to watch out for cognates (words like the English) and to use the illustrations as clues!

(page 63)

! *In the first exercise, your task was to understand the general meaning or gist of the story. In this task, you need to read quite carefully to pick up the details of the animals described.*

L'Internet – l'ami des animaux

*Lis les annonces et écris **vrai** ou **faux**.*
Exemple: 1 *vrai*

1 Beaucoup de chats et de chiens sont perdus pendant les vacances.
2 Quelquefois on montre la description de ces animaux sur le Net.
3 Avec les annonces il y a quelquefois une photo de l'animal.
4 Colette est le nom d'un chien perdu.
5 Stéphanie cherche à placer un lapin.
6 Dans la famille Rousseau il y a un enfant qui est allergique aux chats.
7 L'oiseau de Jacques Voitot est à vendre.
8 Le chat siamois est affectueux.

Le sais-tu?

(page 64)

Lis les textes et réponds aux questions.
Exemple: 1 *La crêche*

1 C'est une invention de saint François d'Assise en Italie.
Qu'est-ce que c'est?
2 Si tu aimes le chocolat, mange ça à Noël.
Qu'est-ce que c'est?
3 Il porte des vêtements rouges et il distribue des cadeaux à Noël.
C'est qui?
4 Le 6 décembre, il distribue des cadeaux, sur son âne.
C'est qui?

Un correspondant extraordinaire (pages 64 – 65)

This time you're reading a story. Look at the pictures and just read fairly quickly, for enjoyment. Then see if you can put the main points of the story in the correct order.

Mets les phrases dans l'ordre pour raconter l'histoire.
Exemple: *1, ...*

1 Caroline, Linda et James, et d'autres élèves, ont de nouveaux correspondants français.
2 James est surpris parce que la mère de son correspondant était anglaise.
3 Simon, le correspondant de James, ressemble beaucoup à Caroline.
4 Ce matin, des e-mails arrivent et ils sont contents, mais il n'y a pas de photos.
5 La grand-mère de Caroline explique tout ça à Caroline et elle est très contente.
6 Le professeur de français téléphone à la grand-mère de Caroline.
7 Plus tard, les élèves ont des lettres avec des photos des élèves français.
8 Simon, le correspondant de James, est le frère de Caroline.

Mangetout a des problèmes (page 93)

A *Lis les phrases et écris* **vrai** *ou* **faux**.
Exemple: 1 *vrai*

1 La famille de Mangetout n'est pas à la maison.
2 Mangetout est très content.
3 Mangetout décide de chercher des choses intéressantes à boire.
4 À l'hôtel Royal il trouve du fast-food. Il aime beaucoup ça!
5 Au restaurant il y a beaucoup à manger.
6 Derrière le supermarché, il y a des chats méchants et Mangetout ne mange pas.
7 Mangetout trouve une famille très gentille, mais il n'est pas un chat végétarien.
8 Mangetout mange un repas délicieux dans le marché aux légumes.

Use the picture clues to help you read this story.

B *Maintenant, corrige les phrases qui ne sont pas vraies dans l'activité A.*
Exemple: 2 *Mangetout n'est pas content.*

C *Trouve les contraires.*

1 trouver	**a** en vacances
2 délicieux	**b** chercher
3 à la maison	**c** horrible
4 ça sent horrible!	**d** devant
5 derrière	**e** ça sent bon!
6 il est content	**f** il n'est pas content

Le sais-tu? *oranges... oranges... oranges... oranges...* (page 94)

In this article, you need to spot the details. Read through it all first, then do these vocabulary tasks.

Try guessing first, before you look things up!

A *Trouve les paires.*
Exemple: 1 b

1 une orange	**a** to protect
2 un oranger	**b** an orange
3 une Orangerie	**c** tiredness
4 la fatigue	**d** an orange tree
5 protéger	**e** sailors
6 les marins	**f** contains
7 seulement	**g** building where orange trees are kept in winter
8 contient	**h** only

B *Trouve les mots français dans l'article.*
Exemple: 1 *par personne*

1 per person	**6** (to) resist
2 vitamin C	**7** native of (originating from)
3 necessary	**8** mentioned
4 minerals	**9** (the) explorer
5 calcium	**10** an ornament

C *Complète les phrases.*

1 Les Français mangent beaucoup d'... .
2 Une orange ... des vitamines et des minéraux.
3 On trouve les oranges sur un arbre qui s'appelle un ... .
4 C'est important de protéger ces arbres quand il fait ... .
5 À Versailles, il y a un ... spécial pour protéger ces arbres en ... .
6 C'est au XVIe siècle qu'on commence à ... les oranges en France.

3 LIRE – C'EST FACILE

Reading stories – when to use a dictionary

When you are reading a story or a picture strip, you might be tempted to look up a lot of words in the glossary or in a dictionary. If you look up too many words, it will take a long time and you might lose the thread of the story. It's better only to look things up when you have tried the other ways of working out the meaning. For example:

- Have a quick skim through the whole text to get a general idea of the story and main points.
- Use the pictures to help you to understand what is happening.
- Look out for cognates and for prefixes and suffixes to help you with new words.
- See if there are any "key words" to help you understand and look these up first if you don't know them. (Don't forget – it doesn't really matter if you can't understand every word you meet in a story.)

Le nouvel élève (page 95)

A *Quel résumé est correct:* **1, 2** *ou* **3***?*

1 Patrick is a new boy at the Collège Marie Curie. At first, he is very popular with everybody, but then he starts to show off and is Teacher's pet so, in the end, he is unpopular and is even nasty to a little boy who is disabled.

You don't need to read the story in great detail to decide which is the best summary.

2 Patrick is a new boy at the Collège Marie Curie and all the girls like him, but this annoys the boys who refuse to let him play in the football team, even though he is a good player. Eventually he gets really unpopular, but is befriended by one of the girls and he helps her to look after her little brother, who is in a wheelchair.

3 Patrick is a new boy at the Collège Marie Curie and at first everyone likes him. However, he doesn't seem to want to join in with out-of-school activities and gets out of staying for a class detention, which makes him really unpopular. Eventually one of the girls finds out the real reason for all this and tells the others, so the story has a happy ending.

You will need to look more closely at the details in the French text, to do this activity.

B *Trouve la phrase vraie,* ***a*** *ou* ***b****.*

Exemple: 1 a

1 a Le nouvel élève s'appelle Patrick.
b Le nouvel élève s'appelle Pierre.

2 a Il habite avec sa mère et sa petite sœur.
b Il habite avec son petit frère et sa mère.

3 a Après les cours, Patrick va au café avec les autres.
b Patrick ne va pas au café avec les autres élèves.

4 a Patrick joue bien au football, mais il refuse d'être dans l'équipe.
b Patrick joue bien au football , mais on ne l'invite pas à jouer dans l'équipe.

5 a Patrick rentre à la maison, mais les autres élèves restent dans la salle de classe.
b Patrick reste dans la salle de classe, mais les autres élèves rentrent à la maison.

6 a Patrick n'aime pas le Collège Marie Curie, il préfère rester à la maison et regarder la télé.
b Sa mère travaille et Patrick reste avec son petit frère qui est malade.

7 a Un jour, une des élèves comprend le problème de Patrick et elle décide de l'aider.
b Un jour, une des élèves refuse d'aider Patrick et sa petite sœur.

8 a À la fin de l'histoire, Patrick n'est pas content.
b À la fin de l'histoire, Patrick est très content.

Le match de football (page 122)

A *Mets les phrases dans l'ordre de l'histoire.*
Exemple: *3, ...*

1 André arrive chez Jean-Claude en moto.
2 Il pleut.
3 André et Jean-Claude décident d'aller au match de football.
4 Les deux amis arrivent à Saint-Etienne, mais le match est à Marseille!
5 Ils continuent à Saint-Etienne à pied.
6 La moto ne marche pas.

B *Complète l'acrostiche.*
En France, les matchs de football sont souvent le dimanche.
1 Le match Marseille : Saint-Étienne est le ... 3 mars.
2 Tu aimes .... du sport, toi?
3 Les deux garçons vont au match en .... .
4 André n'aime pas jouer au football, mais il aime bien ... les matchs.
5 Le match ... à trois heures.
6 C'est un ... important.
7 Hélas, après une demi-heure, la moto d'André ne ... pas.
8 Le match est au ... de Marseille.

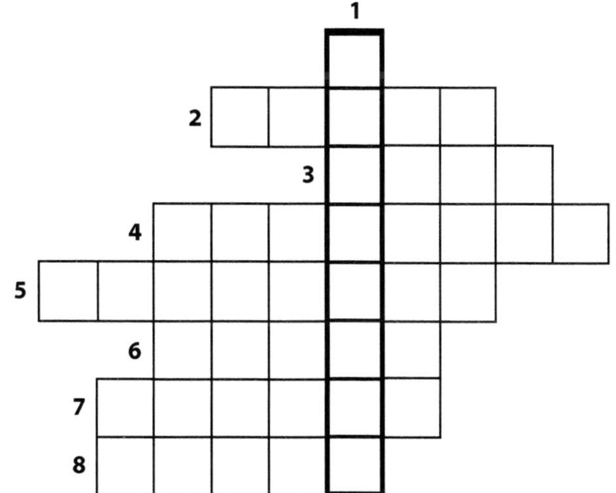

Connais-tu ces sports? (page 123)

Lis les phrases. C'est quel sport?
*Écris **E** (l'escalade) ou **NS** (la natation synchronisée).*
Exemple: 1 *NS*

1 C'est un sport qu'on fait dans l'eau.
2 C'est un sport individuel.
3 C'est un peu dangereux – on risque de tomber.
4 C'est un sport qu'on fait toujours dans un club ou dans une équipe.
5 On peut faire ce sport tout seul – si on trouve des rochers!
6 Ce n'est pas possible de faire ça tout seul.
7 C'est un peu comme une danse.

4 LIRE – C'EST FACILE

Scanning for specific information

Sometimes when you are reading, you need to find out certain specific pieces of information but you do not need to read through the whole passage.
In that case, look quickly through the text till you spot what you need. (You can go back through the rest in more detail later if you want to, but sometimes you don't need to read everything, such as when you are looking something up in an encyclopaedia or on a CD-Rom.)

Here are some tips on what to do:
- Find the important words in the question and try to spot them in the text.
- Use the strategies you have learnt to understand the rest of the sentence or phrase in which these important words occur.
- See if the question gives you a pointer to what you have to look for. For example, if the question asks:
  Combien? - look for a number
  Où? - look for a place
  Qui? - look for a person.

Une recette (page 124)

Regarde la recette et trouve les réponses à ces questions.

1 Combien de chocolat? ....

2 Combien d'œufs? ....

3 On sépare les jaunes et les blancs d'œuf – oui ou non?

....

4 Qu'est-ce qu'on ajoute au chocolat fondu?

....

5 On bat les blancs d'œuf – oui ou non? ....

6 Qu'est-ce qu'on ajoute aux blancs d'œufs?

....

5 LIRE – C'EST FACILE

Grammatical clues

Sometimes your knowledge of grammar will help you to guess correctly the meaning of a word. Here is an example:

"Quel est ton **joueur** de football **favori?**"

- You don't know *joueur* but you know the verb *jouer* (to play). You can tell *joueur* is a noun because of the word *ton*, so you could guess that it means player.
- You can see that *favori* is an adjective because it goes with a noun and you can easily guess that it means favourite.
- Watch out for words that indicate the negative, e.g. *pas* and *ne ... pas*, as this can totally change the meaning!

Here is a sentence containing a lot of words you will not have met:

Un prestidigitateur célèbre essaie des tours stupéfiants, mais les adolescents sophistiqués n'apprécient pas ses efforts.

Try to find:

1 a singular noun
2 a plural noun
3 a positive verb
4 a negative verb
5 a singular adjective
6 a plural adjective

Now see how many of these unknown words you can guess the meaning of.
Exemple: *célèbre – celebrated = famous*

Le sais-tu? (page 124)

A *Voici les couleurs du judo. Peux-tu les écrire dans l'ordre?*

blanc marron vert bleu noir orange jaune

B *Choisis les trois mots qui décrivent le volley-ball.*

populaire saison sociable simple maintenant

C *Complète les phrases. Cherche les mots ou les expressions corrects dans le texte.*

Exemple: 1 *5*

1. L'âge minimum pour faire du judo est ... ans. (*number*)
2. Une personne qui fait du judo s'appelle un .... (*Look for a noun.*)
3. Le ju-jitsu était inventé au .... (*country*)
4. Le volley-ball était inventé en .... (*country*)
5. Les ceintures en couleur ... le niveau des élèves en judo. (*Find a verb.*)
6. Dans une équipe de volley-ball, il y a ... joueurs. (*number*)
7. En été, on peut jouer au volley sur .... (le ou la + *noun*)
8. Le volley ... un sport dangereux. (*verb – negative or positive?*)
9. Le volley-ball ... cher. (*verb – negative or positive?*)
10. Le judo ... très populaire en France. (*verb – negative or positive?*)

Tout est bien qui finit bien (page 125)

A *Lis l'histoire, regarde les images et écris* ***vrai*** *ou* ***faux****.*
Exemple: 1 *vrai*

1. Sandrine aime beaucoup travailler avec les ordinateurs.
2. Sa famille est très riche.
3. Son père ne travaille pas à présent.
4. Sandrine a un ordinateur à la maison.
5. Il y a un grand Festival de l'Informatique à Paris.
6. D'abord, Sandrine pense qu'elle ne va pas au Festival.
7. Sandrine est contente quand les autres préparent pour le Festival.
8. Le groupe de Sandrine gagne un concours dans le magazine France-vacances.
9. Maintenant, Sandrine va au Festival avec son groupe.
10. Tout le monde est très content.

B *Corrige les phrases qui ne sont pas vraies.*
Exemple: 2 *Sa famille n'est pas très riche.* **OU** *Sa famille est pauvre.*

Premier contrôle: ÉCOUTER 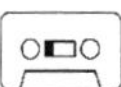

A Loto mathématique

*Écris 3 croix (**x**) sur chaque carte.*

Carte numéro un

30	3	35
18	4	~~24~~
25	10	45

Exemple ←

Carte numéro deux

59	11	17
12	19	16
22	6	15

/6

B Dans ma chambre

Coche la réponse correcte, **a** *ou* **b**.

Ex.

1 a ✔

2 a
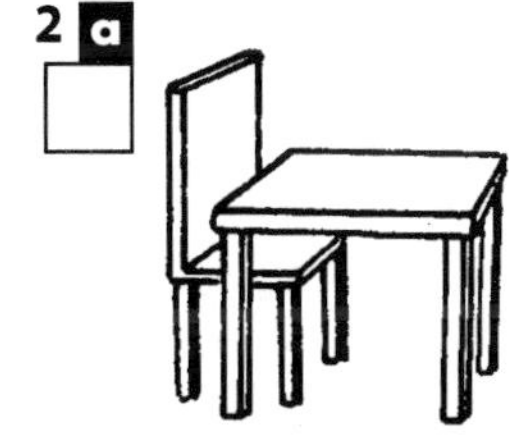

3 a
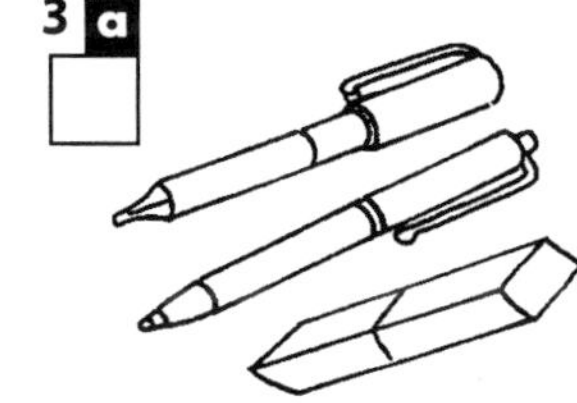

4 a

1 b

2 b

3 b
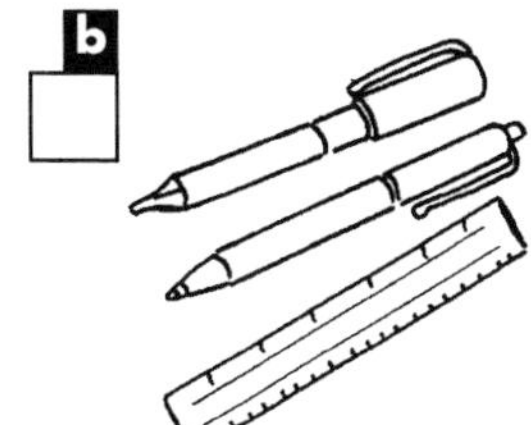

4 b
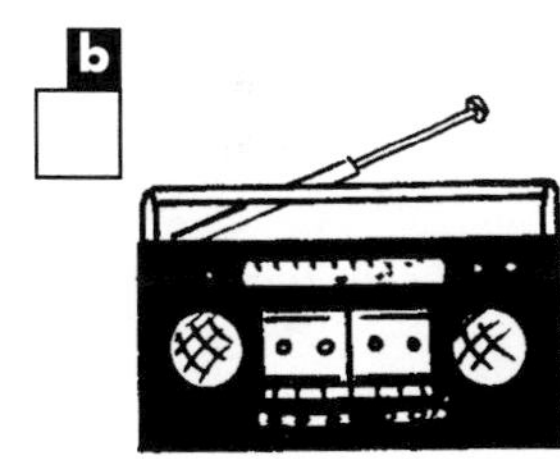

5 a

6 a

7 a

5 b

6 b

7 b
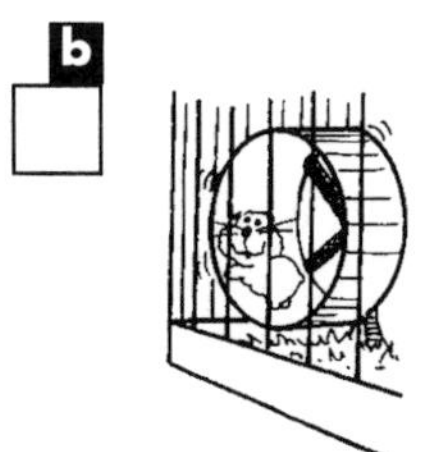

/6

Premier contrôle: ÉCOUTER 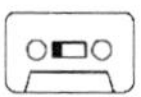

C À la maison

*Écoute les descriptions, et écris **vrai** ou **faux**.*

Ex. *vrai*

....

3

....

....

5

....

6

....

7

....

8

....

/7

D Deux familles

*Écoute Richard et Sylvie, et écris **0**, **1** ou **2** dans chaque case.*

Sylvie	Ex. *1*				
Richard					

Premier contrôle: PARLER

A *Choisis deux conversations: (**1**, **2**, **3**). Prépare les conversations avec un(e) partenaire et puis travaille avec ton professeur.*

1 *Imagine que tu es Marc ou Claire, et réponds aux questions pour faire une introduction.*

Comment t'appelles-tu? — Marc / Claire

Quel âge as-tu? — 11

Où habites-tu? — PARIS

Où est Paris? — Paris

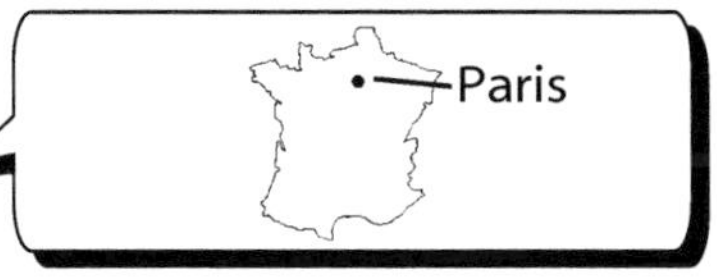

Maximum = 8

2 *Imagine que tu es Marc ou Claire, et réponds aux questions pour parler de ta famille.*

Tu as des frères ou des sœurs?

Comment s'appelle ta sœur? — Lucie

Comment s'appelle ton frère? — Paul

Où habite ta grand-mère? — Cherbourg

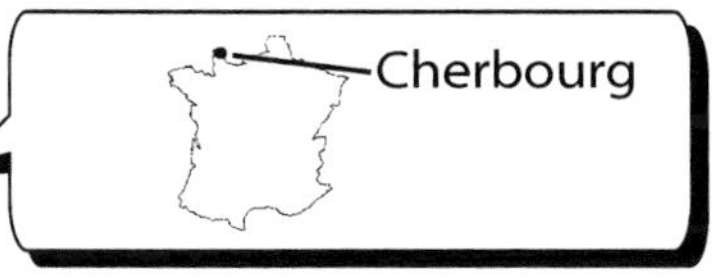

Maximum = 8

3 *Imagine que tu es Marc ou Claire, et réponds aux questions pour parler des animaux.*

B *Maintenant, prépare une conversation avec ton/ta partenaire. Après, travaille avec le professeur.*

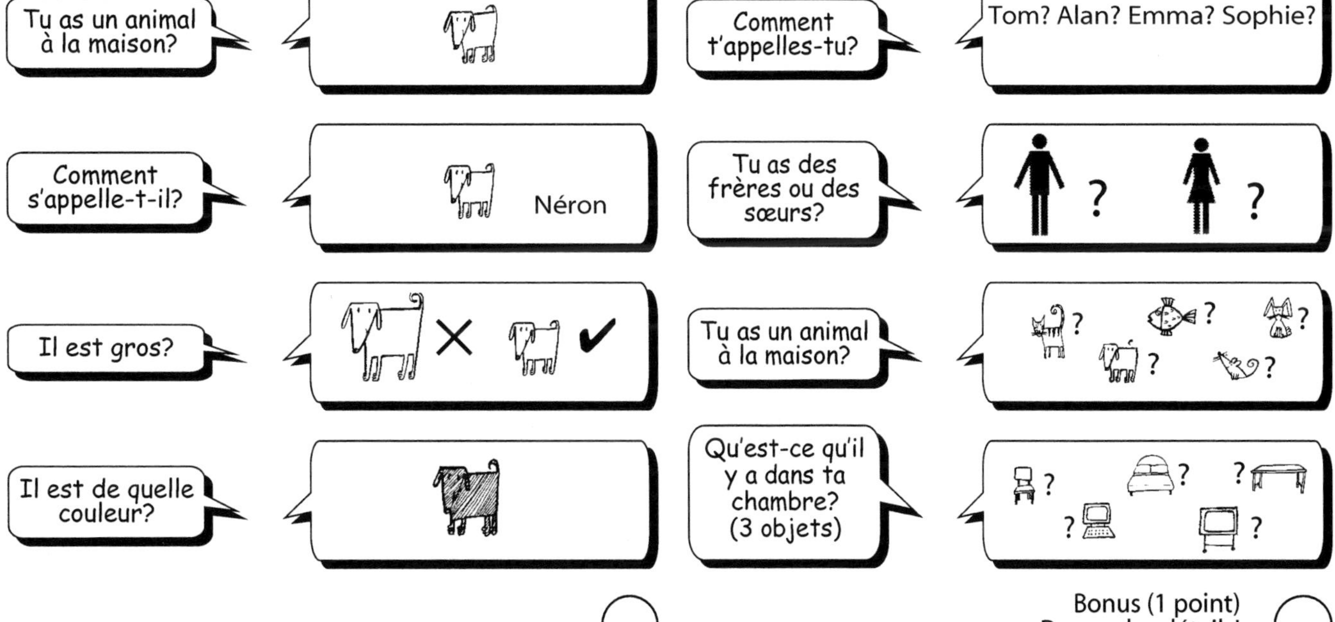

Maximum = 8

Bonus (1 point) Donne des détails!

Maximum = 9

Premier contrôle: LIRE

A Dans la salle de classe

Écris la lettre qui correspond.

1 **un crayon** [g] (Ex.)
2 **une gomme** [ ]
3 **un stylo** [ ]
4 **un livre** [ ]
5 **une trousse** [ ]
6 **une règle** [ ]
7 **un cahier** [ ]

a

b

c

d
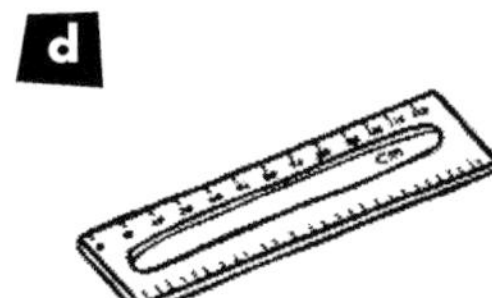

e

f

g
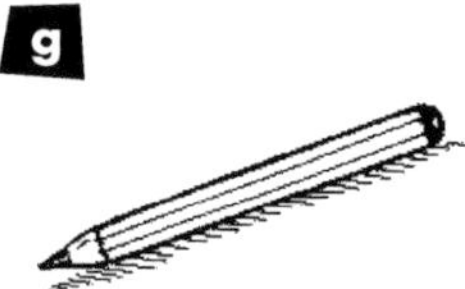

B Les animaux

Fais des lignes.

1

4

7

2

5

3

6

8

a un cochon d'Inde
b un chat
c un lapin
d un chien
e une tortue
Ex. f un hamster
g un cheval
h un poisson

7

Premier contrôle: LIRE

C La famille

*Regarde les détails de la famille et écris **vrai** ou **faux** pour chaque phrase.*

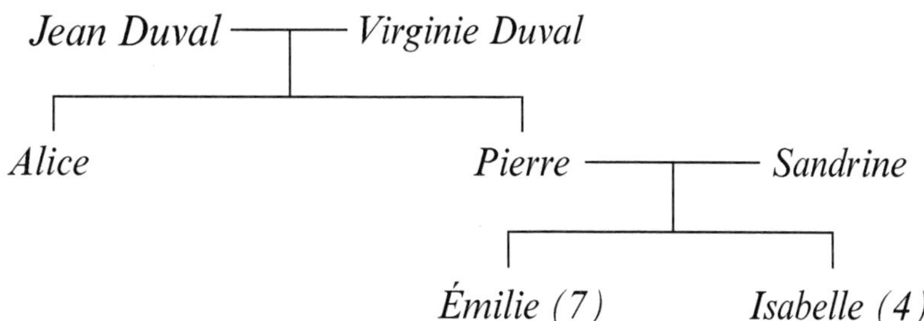

1 Virginie est la mère d'Émilie. **Ex.** *faux*

2 Pierre est le père d'Isabelle. ....

3 Émilie est la sœur d'Isabelle. ....

4 Sandrine est la sœur de Pierre. ....

5 Pierre est le grand-père d'Émilie. ....

6 Pierre est le frère d'Alice. ....

7 Jean et Virginie sont les parents d'Alice. ....

/6

D Des questions et des réponses

Écris la bonne lettre pour chaque question.

1 Comment t'appelles-tu?
2 Où habites-tu?
3 Quel âge as-tu?
4 Qu'est-ce que c'est?
5 Qui est-ce?
6 Tu as des frères ou des sœurs?
7 Tu as un animal à la maison?

a Non, je suis fils unique.
b À Salisbury, en Angleterre.
c Elisabeth. Elisabeth Leblanc.
d C'est mon ami, André.
e Oui, j'ai un chat.
f C'est mon baladeur.
g J'ai douze ans.

1	2	3	4	5	6	7
Ex. *c*						

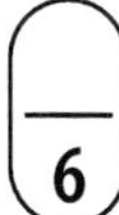

Premier contrôle: ÉCRIRE

A La maison

Regarde la maison de la famille Duval. Écris 1 – 9, et copie les mots corrects de la case.

Exemple: 1 *la grande salle de bains*

Pour t'aider

- la cuisine
- la salle à manger
- la chambre de Lucie
- la chambre de Thomas et de Marc
- le jardin
- la chambre de Monsieur et Madame Duval
- le salon
- la grande salle de bains
- la petite salle de bains

— /8

B Quelle image?

Copie la phrase correcte pour chaque image.

Exemple: 1 *J'ai quatre ans.*

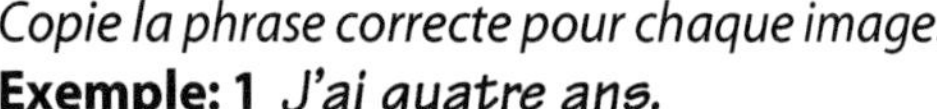

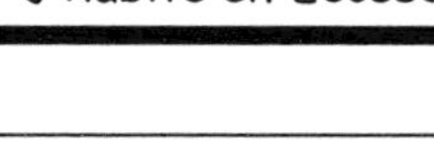

- J'habite dans une ferme.
- Voilà un café.
- J'ai quatre ans.
- J'habite en Écosse.
- Voilà une rue.
- J'habite en France.
- J'ai huit ans.
- J'habite dans un appartement.
- Voilà un cinéma.
- J'ai six ans.

— /9

C Des questions

Pour chaque question, écris le mot qui manque.

Exemple: 1 *âge*

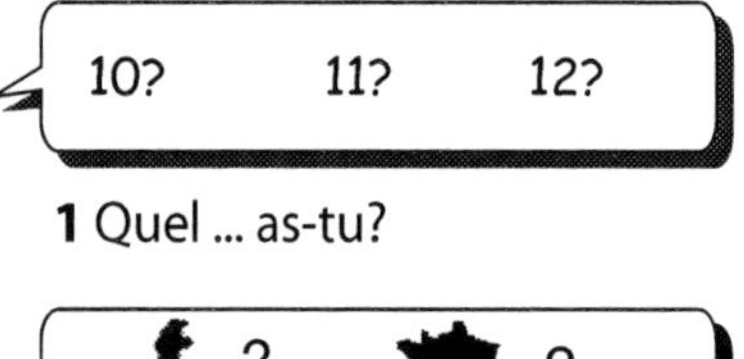

1 Quel ... as-tu?

2 Où ...-tu?

3 Tu as des ... ou des sœurs?

4 Tu as un ... à la maison?

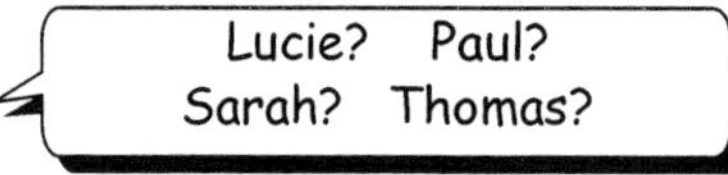

5 Comment t'...-tu?

6 Tu as un ... dans ta chambre?

7 C'est un ...?

8 De quelle ... est ton chien?

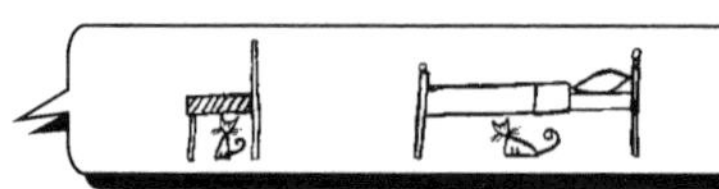

9 Où est le ... ?

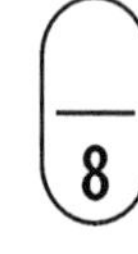

Deuxième contrôle: ÉCOUTER

A À Granville

Écoute les détails et écris la bonne lettre.

a
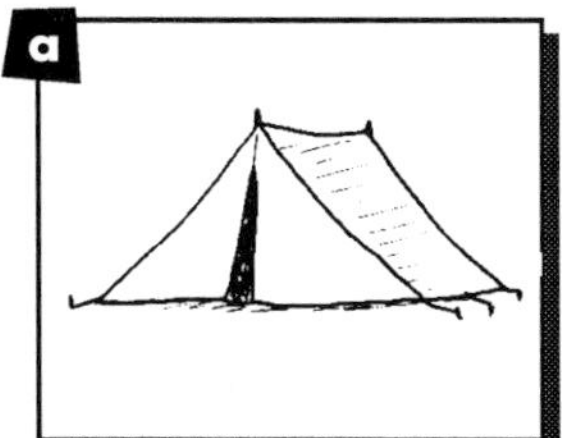

b

c

d

e

f

g

1	2	3	4	5	6	7
Ex. *d*						

/6

B Les activités de la famille Giroux

*Pour chaque image, écris **vrai** ou **faux**.*

1

Ex. ......*faux*......

2

....

3

....

4

....

5

....

6

....

7

....

8

....

/7

Deuxième contrôle: ÉCOUTER

C C'est où exactement?

Écris les numéros sur le plan de la ville.

Hôtel Pasteur

....

Église Saint-Jean

15km ....

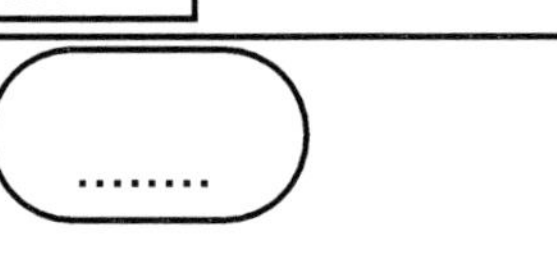

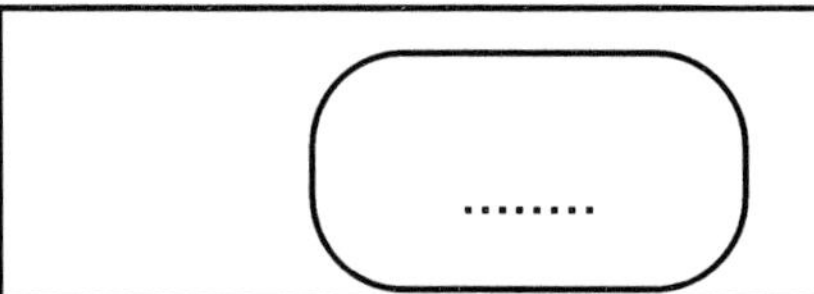

Ex. ...1....

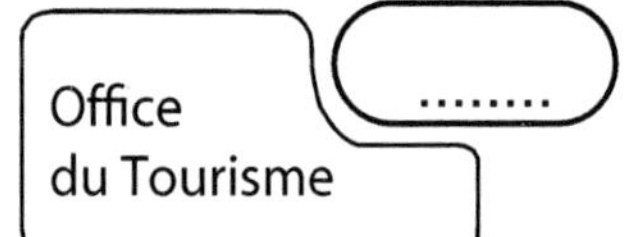

Office du Tourisme

Tu es ici

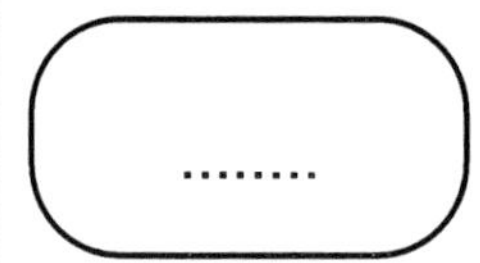

/6

D Quel temps fait-il?

Écoute les conversations, et écris des lettres dans la grille.

		temps	opinion	activité
Ex.	Charles	*e*	*c*	*a*
	Magalie			
	Robert			

Le temps: **a** 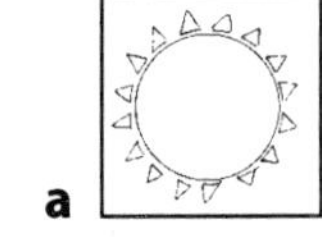 **b** 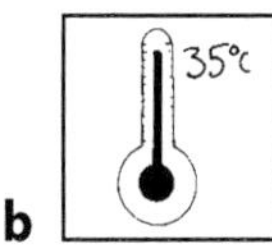

c 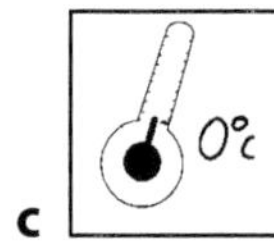

d 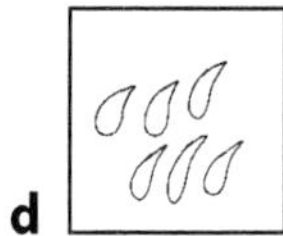 **e** 

Les opinions: **a**  **b**  **c**  **d** ♡♡

Les activités: **a**  **b**  **c**  **d** 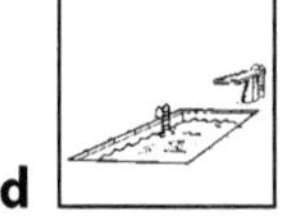 **e** 

/6

Deuxième contrôle: PARLER

A *Choisis une conversation:* **1**, **2** *ou* **3**. *Prépare la conversation avec un(e) partenaire et puis travaille avec ton professeur.*

1 *Tu parles avec un(e) ami(e) au téléphone. Réponds aux questions.*

2 *Imagine que c'est ton anniversaire aujourd'hui. Réponds aux questions.*

Maximum = 12

Maximum = 12

3 *Tu es en ville. Une femme/Un homme pose beaucoup de questions!*

B *Maintenant, prépare une conversation avec ton/ta partenaire. Après, travaille avec ton professeur.*

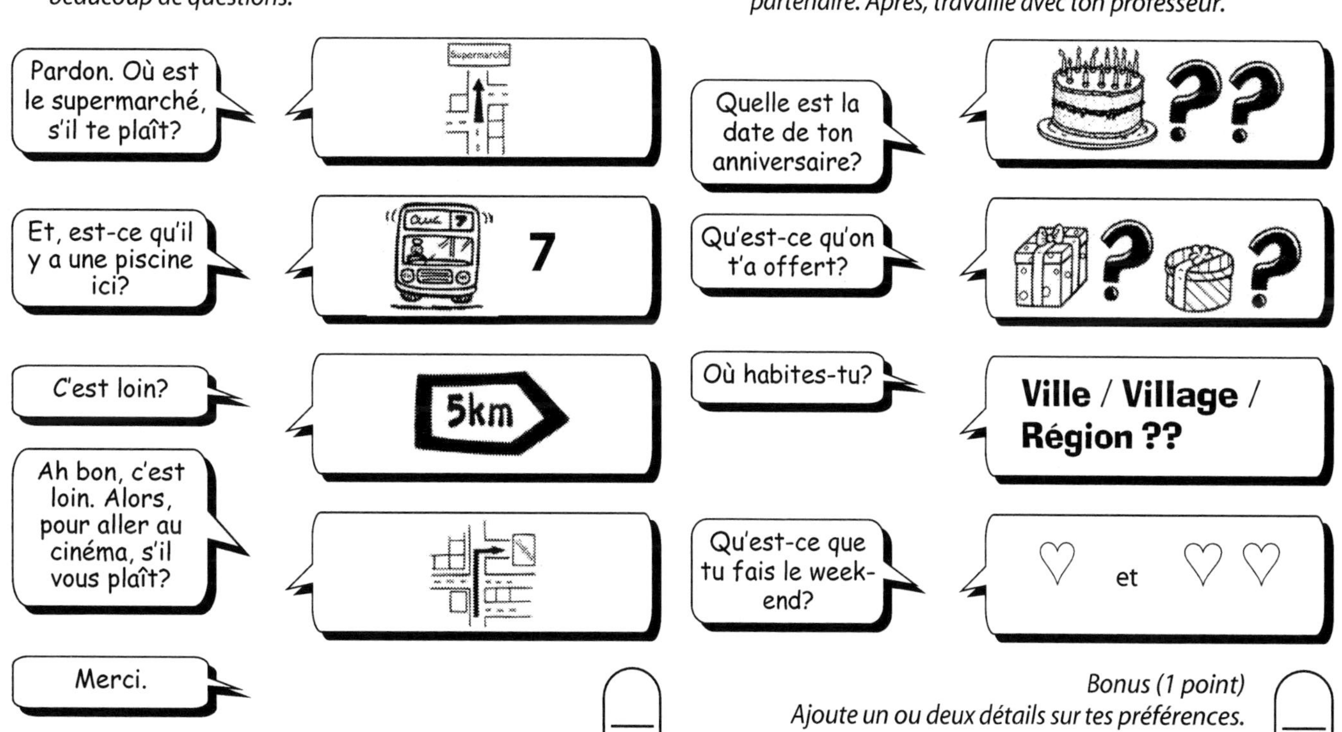

Maximum = 12

Bonus (1 point)
Ajoute un ou deux détails sur tes préférences.
Maximum = 13

Deuxième contrôle: LIRE

A Cico le clown

Pour chaque mot dans la case, écris la lettre correcte.

1	un perroquet	Ex. c
2	des chaussures	
3	un pantalon	
4	une casquette	
5	une cravate	
6	des chaussettes	
7	un pull	

/6

B Sophie à Cherbourg

Regarde le journal de Sophie. Écris les lettres correctes.

	LUNDI	**JEUDI**	
a	matin – shopping, il fait mauvais	visite à la ville de Bayeux il y a du soleil	f
b	après-midi – il fait chaud, tennis	**VENDREDI**	
		matin – dans l'hôtel, il y a du vent	g
	MARDI		
c	visite à grand-père et grand-mère il pleut	après-midi – cinéma, il fait froid	h
	MERCREDI	**SAMEDI**	
d	matin – dans le parc, il fait beau	au revoir, Cherbourg! il y a du soleil et il pleut	i
e	après-midi – il y a du brouillard, musée		

1

Ex. d

2
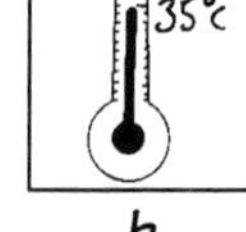

b

3
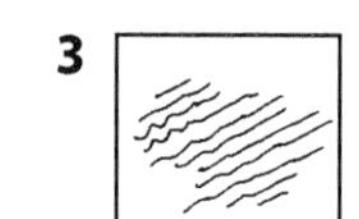

....

4

....

5

....

6

....

7
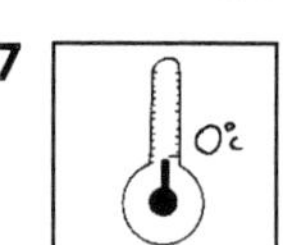

....

8

....

9

....

/7

Deuxième contrôle: LIRE

C En ville

Tu es dans la rue de la Poste. Lis les phrases et corrige les erreurs.

1 La poste est à droite.
Ex. La poste est à gauche.

2 Le musée est entre le parking et l'église.
....

3 L'hôtel est devant le café.
....

4 Le restaurant est derrière la banque.
....

5 L'hôtel est dans la rue Saint-Joseph.
....

6 L'office de tourisme est dans la rue Principale.
....

7 Le café est à gauche.
....

/6

D Les cadeaux de Coralie

Lis le texte.

Je fais du shopping pour trouver des cadeaux pour maman, papa, mon frère, Gilbert et ma sœur, Isabelle. Je suis à Manchester avec ma classe.
La cravate bleue est pour papa. C'est la couleur qu'il préfère.
Les biscuits sont de Manchester. Mmm – j'adore ces biscuits! Ils sont pour maman.
Les dix stylos sont pour Gilbert. Ils sont super! Il écrit toujours avec mes stylos. Je n'aime pas ça.
Pour Isabelle, il y a un poster de deux chats. Elle a beaucoup de photos d'animaux dans sa chambre.

*Écris **vrai** ou **faux**.*

1 Coralie cherche des cadeaux pour ses amis. faux
2 Elle est à Manchester avec sa famille. ....
3 Il y a une cravate pour son père. ....
4 Son père déteste le bleu. ....
5 Il y a des biscuits anglais pour sa mère. ....
6 Coralie n'aime pas les stylos de Gilbert. ....
7 Elle trouve un livre sur les chats pour sa sœur. ....

/6

Deuxième contrôle: ÉCRIRE

A Les activités

Pour chaque phrase, trouve le verbe correct.
Exemple: 1 *téléphone*

Pour t'aider

- dansent
- jouons
- regarde
- surfes
- chantent
- allez
- dessine
- travaillons
- téléphone
- écoute

1 
Je ... à un ami.

2 
Ils ... .

3 
Tu ... sur le Net?

4 

Nous ... au tennis.

5 
Elle ... un cheval.

6 
J'... de la musique.

7 
Vous ... à la poste?

8 
Ils ... dans la cathédrale.

9 
Il ... la télé.

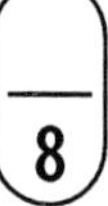

B Quel temps fait-il?

Écris une phrase pour chaque ville.
Exemples:
À Marseille, il fait beau.
À Paris, il y a ...

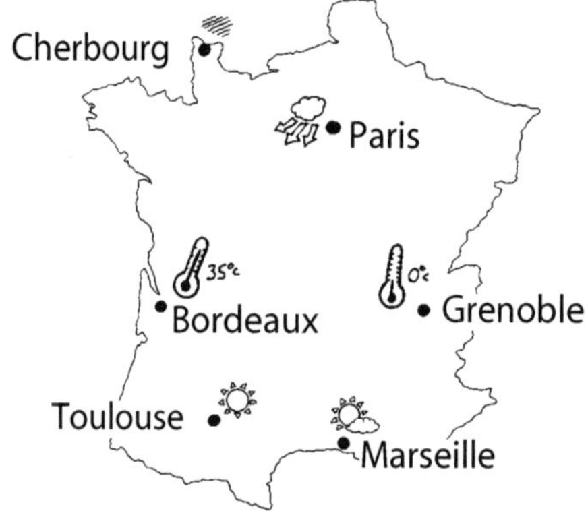

9

C Le week-end

Regarde les phrases sur le week-end de Mireille.

Mireille

Exemple: *Voilà Mireille. Samedi, elle travaille à la maison – elle déteste ça. Dimanche, elle va à la piscine – elle adore ça.*

Écris des phrases sur le week-end de Thomas.

Thomas

Voilà Thomas. Samedi, il ...

Et écris des phrases sur **ton** *week-end.*

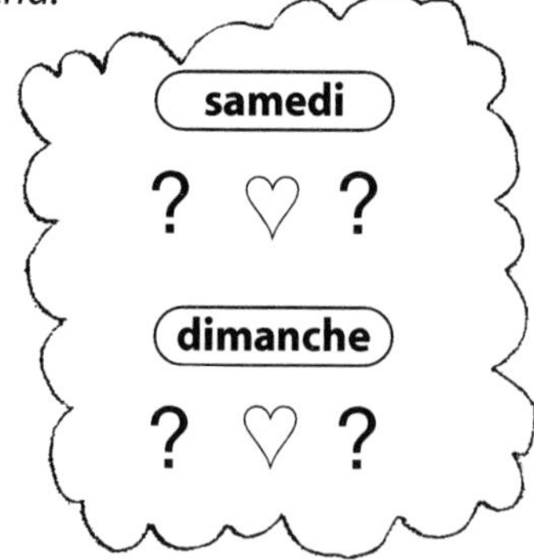

Et toi?

Samedi, je ...

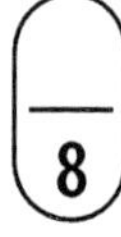

Troisième contrôle: ÉCOUTER

A La soirée d'Anne-Marie

Écoute Anne-Marie et coche l'image correcte, **a** *ou* **b**.

Ex. 1

5

2

6

3

7

4

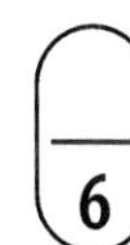

B Rendez-vous à quelle heure?

Écoute les conversations. Regarde les symboles et note les détails.

	1	2	3	4
quand?	**Ex.** 1h30 cet après-midi	.... vendredi soir	.... samedi soir	.... dimanche matin
où?	b			

/6

Troisième contrôle: ÉCOUTER

C Deux interviews

Écoute les interviews et note ce que Sabine et Paul aiment (ou n'aiment pas) manger et boire.

a 

b 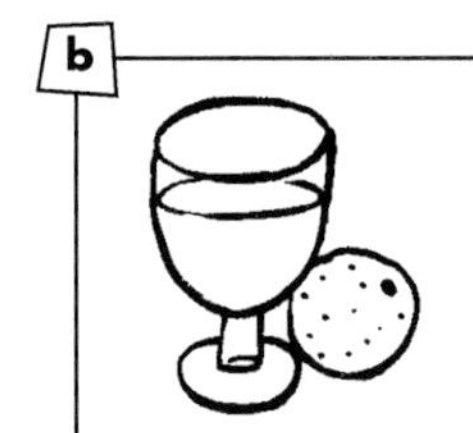

c 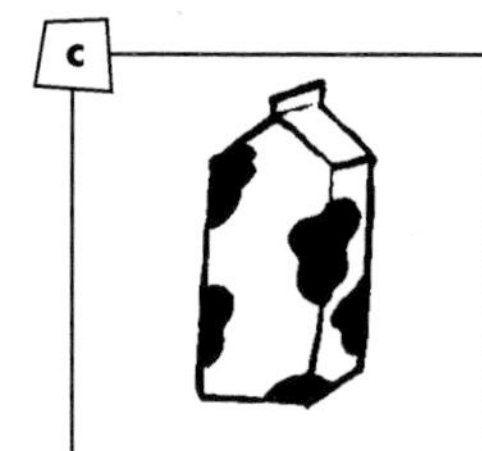

d 

e 

f 

g 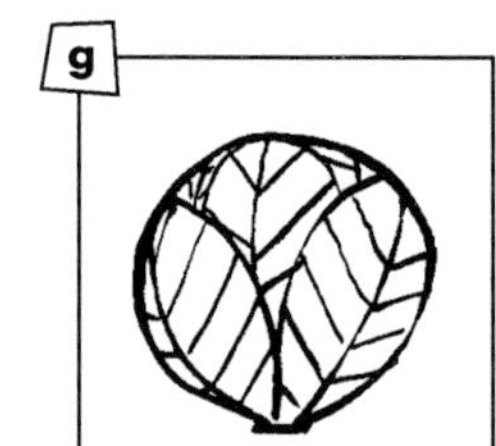

h 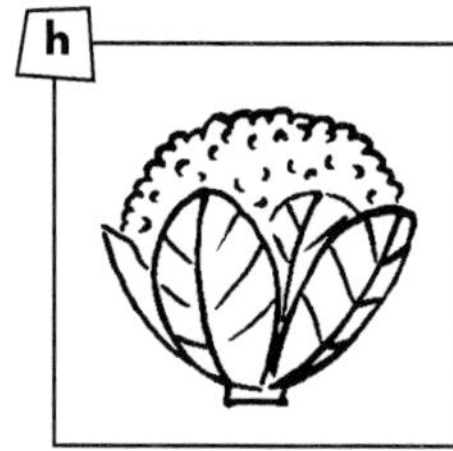

Les opinions:

✗✗
✗
♡
♡♡

Sabine		Paul	
lettres	**opinions**	**lettres**	**opinions**
Ex. *d*			

/7

D Luc parle à Patrick

Luc est dans une auberge de jeunesse avec sa classe. Il parle au téléphone avec son copain Patrick, qui reste à la maison. Écoute la conversation et décide quelles phrases sont vraies. Coche **a**, **b** *ou* **c**.

1 **a** Luc est en vacances en automne. ☐
b Luc est en vacances en été. ☐
c Luc est en vacances en hiver. **Ex.** ☑

2 **a** Il y a du soleil. ☐
b Il neige. ☐
c Il fait chaud. ☐

3 **a** Il y a deux heures de classe chaque jour. ☐
b Il y a trois heures de classe chaque jour. ☐
c Il y a quatre heures de classe chaque jour. ☐

4 **a** À midi, Luc mange à la cantine. ☐
b À midi, Luc mange au restaurant. ☐
c À midi, Luc mange des sandwichs. ☐

5 **a** Ce soir, Luc va à la piscine. ☐
b Ce soir, Luc reste à l'auberge de jeunesse. ☐
c Ce soir, Luc joue un match de basket. ☐

6 **a** Luc n'aime pas les activités du soir. ☐
b Luc aime les activités du soir. ☐
c Il y a des activités du soir que Luc aime, et des activités qu'il n'aime pas. ☐

7 **a** Il écrit une carte postale à Patrick. ☐
b Il écrit une lettre à Patrick. ☐
c Il écrit un e-mail à Patrick. ☐

/6

Troisième contrôle: PARLER

A *Choisis une conversation:* **1**, **2** *ou* **3**. *Prépare la conversation avec un(e) partenaire et puis travaille avec ton professeur.*

1 *Tu parles avec un(e) ami(e) français(e). Réponds aux questions.*

2 *On parle des repas. Réponds aux questions.*

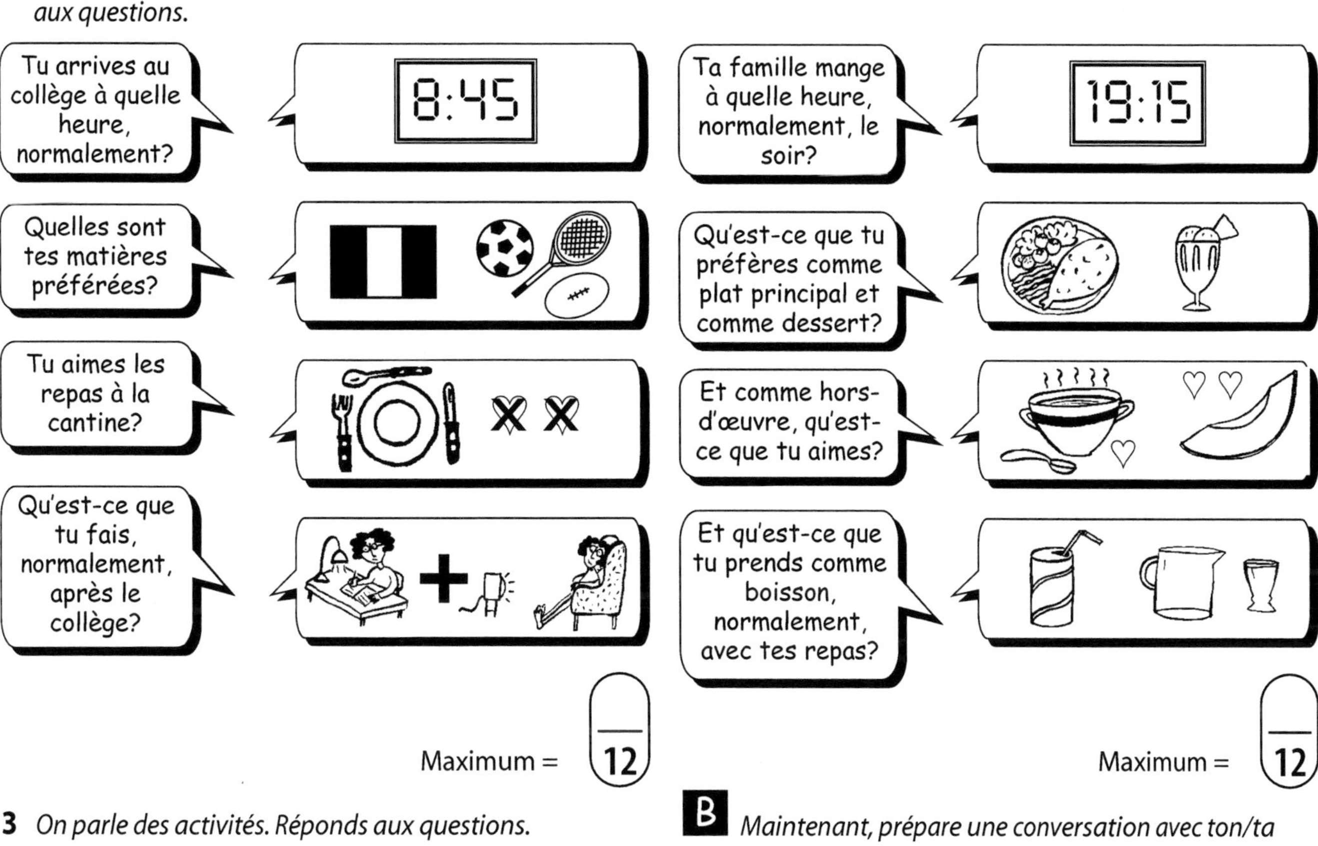

Maximum = 12

Maximum = 12

3 *On parle des activités. Réponds aux questions.*

B *Maintenant, prépare une conversation avec ton/ta partenaire. Après, travaille avec ton professeur.*

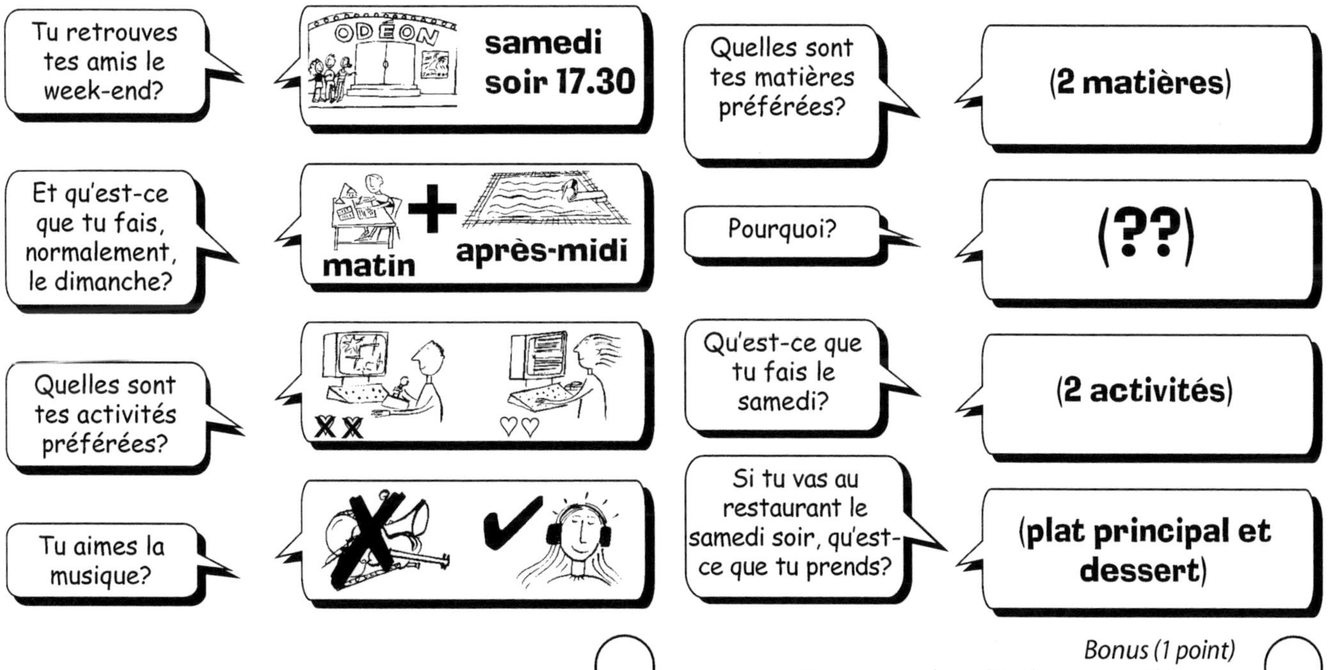

Maximum = 12

Bonus (1 point)
Ajoute un ou deux détails sur tes préférences.
Maximum = 13

Troisième contrôle: LIRE

A L'emploi du temps

Regarde l'emploi du temps de Nathalie. Lis les phrases. C'est quel jour?

	LUNDI	MARDI	MERCREDI	JEUDI	VENDREDI	SAMEDI
8.00	anglais	français	-	anglais	-	sciences
9.00	histoire	géographie	-	-	maths	dessin
10.00	*récré.*	*récré.*	-	*récré.*	*récré.*	*récré.*
10.15	maths	anglais	-	français	technologie	musique
11.15	-	*sciences*	-	maths	technologie	français
12.15	-	-	-	*cantine*	-	-
12.45	-	*cantine*	-	-	*cantine*	-
14.15	EPS	*éd. civique*	-	informatique	maths	-
15.15	EPS	français	-	informatique	anglais	-
16.15	-	*récré.*	-	-	-	-
16.30 – 17.30	-	club théâtre	-	-	-	-

1 J'ai deux heures de français. **Ex.** ......*mardi*......
2 Je mange à la cantine à midi et quart. ....
3 C'est mon après-midi préféré – j'adore les ordinateurs! ....
4 Je mange à la maison (entre les maths et le sport). ....
5 Il y a cours le matin, mais pas l'après-midi. ....
6 Nous commençons à neuf heures. ....
7 Je quitte le collège à cinq heures et demie. ....

B Le déjeuner au restaurant

Lis le fax. Qu'est-ce que chaque personne prend? Remplis la grille.

Comme hors-d'œuvre ... a b c

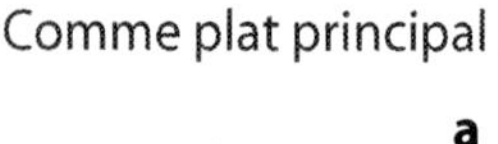

Comme plat principal ... a b c d

Comme dessert ... a b c

Autres informations

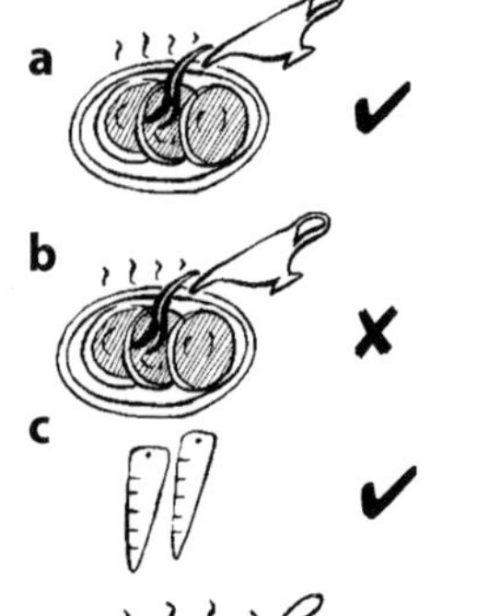

FAX
De: M. Martin **Date**: 27 janvier
À: Restaurant du Lac
Sujet: Déjeuner pour trois personnes, 12h00

Merci pour votre menu. Nous arrivons à midi.

Je prends du melon comme hors-d'œuvre. Comme plat principal, je prends de la viande – mais attention, je n'aime pas la sauce aux oignons. Je ne prends pas de dessert.

Mme Dubois ne prend pas de hors-d'œuvre. Elle est végétarienne, donc elle prend l'omelette avec de la salade. Après, elle préfère la tarte aux pommes.

M. Colin prend le pâté pour commencer. Comme plat principal, il prend le poisson avec des légumes. Il aime les petits pois et les carottes. Comme dessert, il prend un fruit.

À bientôt

Jacques Martin

	hors-d'œuvre	plat principal	dessert	autres informations
M. Martin	*b*	*c*	-	*b*
Mme Dubois				
M. Colin				

Troisième contrôle: LIRE

C Au Centre Picolle

Lis les détails, regarde les activités et écris les bonnes lettres dans chaque grille.

Brigitte est libre vendredi (matin et après-midi) et dimanche (matin). En général, elle n'aime pas le sport, mais il y a deux exceptions – elle adore faire du cheval et aller à la piscine.

	Activité 1	Activité 2	Activité 3
Brigitte	B		

Simon n'est pas libre vendredi, mais samedi et dimanche sont possibles. Il aime l'informatique, la musique et les sports comme le tennis, le tennis de table et le squash. Il déteste le théâtre.

	Activité 1	Activité 2	Activité 3	Activité 4
Simon				

LONG WEEK-END D'ACTIVITÉS
VENDREDI, SAMEDI, DIMANCHE
CENTRE PICOLLE

	matin	après-midi
vendredi	**A** guitare classique	**C** jeux vidéos (ordinateur)
	B équitation dans le Parc des Peupliers	**D** natation au centre sportif
samedi	**E** VTT dans le Parc des Peupliers	**G** dessiner sur l'écran (ordinateur)
	F jouer de la batterie	**H** photographie
dimanche	**I** échecs et cartes	**K** ski sur piste artificielle
	J tournoi de badminton au centre sportif	**L** faire du théâtre

D Le message de Richard

Lis le message.

```
Salut Pierre

Merci pour ton message. Voici des réponses à
tes questions.

Non, nous n'avons pas cours le samedi.

Ma matière préférée est le dessin - notre
professeur est très sympa et j'aime bien
dessiner. Je n'aime pas beaucoup l'anglais -
pour moi, c'est très difficile et assez ennuyeux.

Nous avons deux heures de sport le mercredi après-
midi, mais je vais à un club de foot le lundi
soir, le jeudi soir et le samedi matin aussi.

Nous avons trois salles d'ordinateurs à notre
collège, 45 ordinateurs en tout, mais je
préfère l'ordinateur dans ma chambre - c'est
plus moderne! Tu as un ordinateur dans ta
chambre?

Réponds-moi bientôt

Richard       :-)
```

*Écris **vrai** ou **faux**.*

1. Richard va au collège le samedi matin. **Ex.** ...faux...
2. Il aime les cours de dessin ....
3. Pour Richard, l'anglais n'est pas facile. ....
4. Il ne fait pas beaucoup de sport. ....
5. Il va au club de foot deux fois* par semaine. ....
6. Les ordinateurs au collège sont très modernes. ....
7. Richard a un ordinateur à la maison. ....

**fois* = times

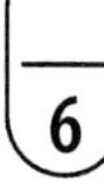

Troisième contrôle: ÉCRIRE

A Une boisson ou un fruit?

Écris une phrase pour chaque personne.
Exemple: 1 *Monsieur Mally prend un café.*

Pour t'aider

prend
un (*m*) une (*f*)

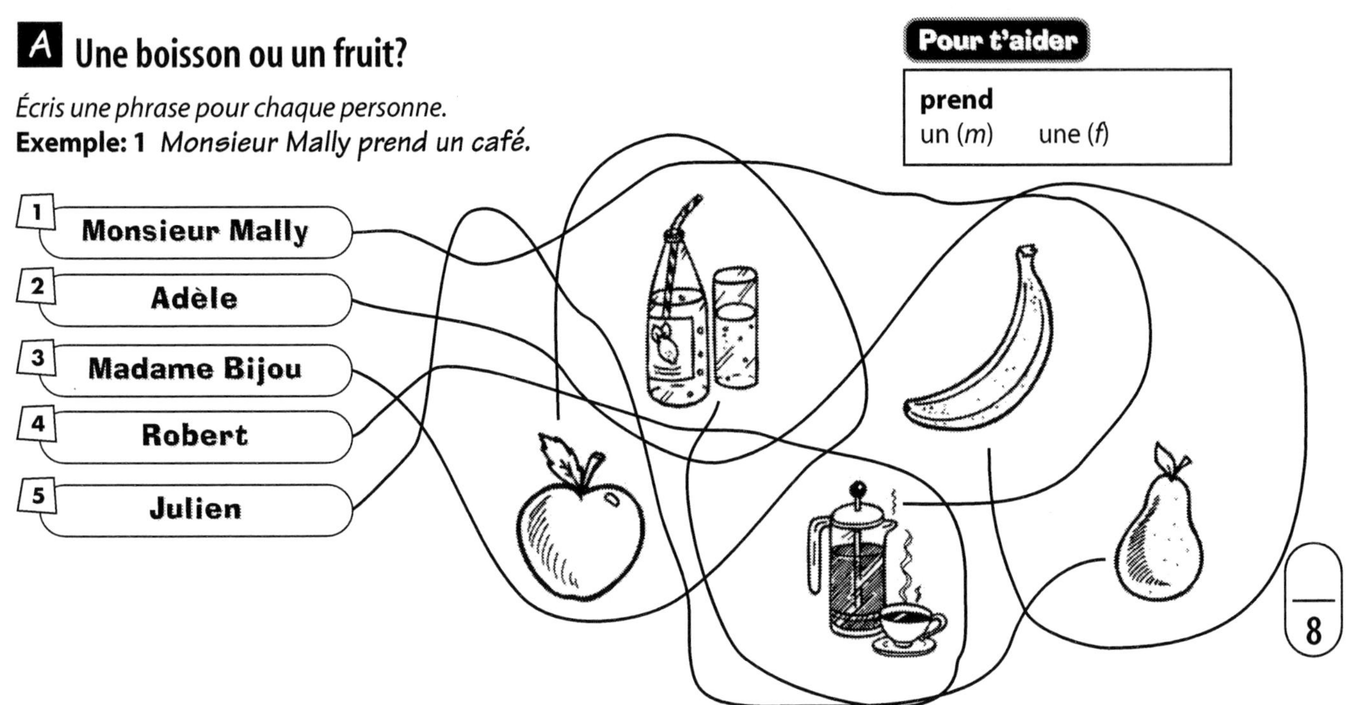

8

B Au terrain de camping

La famille Giroux passe des vacances au camping. Madame Giroux donne du travail aux enfants.
Regarde les images et complète les quatre phrases.

Exemple: 1 *"Alors, Papa n'est pas là, il fait les courses"*

Pour t'aider

Les verbes:
aller, faire,
préparer, ranger
Les noms:
courses (*f.pl*),
déjeuner (*m*),
piscine (*f*), tente (*f*),
vaisselle (*f*)

1 "Alors, Papa n'est pas là, il ... ".

2 "Annette, tu ... ".

3 "Christophe et Gilles, vous ... ".

4 "Et moi, je ... ".

5 "Après, nous ... ".

8

C Un week-end typique

Qu'est-ce que tu fais le week-end? Écris deux paragraphes.
Écris un paragraphe sur un samedi typique, et un paragraphe sur un dimanche typique.

Exemple:

QUAND?	ACTIVITÉ	OPINION
À dix heures samedi matin,	*je vais à la piscine avec mes amis.*	*Notre piscine est super!*

9

Troisième contrôle (alternative tasks)

Écouter

D Nathalie change de collège

Normalement, Nathalie habite en France, mais elle passe six mois, en Angleterre, et va au collège à Bristol.
Décide quelles phrases sont vraies, ***a, b*** *ou* ***c.***

Exemple: 1 c

1 a Nathalie préfère le collège en Angleterre.
b Nathalie aime le collège en Angleterre et le collège en France.
c Nathalie préfère le collège en France.

2 a Elle porte un uniforme bleu, blanc et jaune.
b Elle porte un uniforme bleu et blanc.
c Elle porte un uniforme bleu, blanc et rouge.

3 a Elle habite à 50m du collège.
b Elle habite près du collège.
c Elle habite assez loin du collège.

4 a Elle mange des sandwichs au collège.
b Elle mange à la cantine à midi.
c Elle mange à la maison à midi.

5 a Les repas au collège sont bons.
b Les repas au collège sont mauvais.
c Les repas au collège sont délicieux.

6 a Le collège commence à huit heures trente.
b Le collège commence à huit heures trente-cinq.
c Le collège commence à huit heures quarante-cinq.

7 a Nathalie ne fait pas de devoirs après le collège.
b Nathalie fait ses devoirs après le goûter.
c Nathalie fait ses devoirs après le dîner.

/6

Lire

B Une semaine d'activités

Pendant les vacances on organise des activités pour les jeunes. Regarde les détails et pour chaque personne écris le jour préféré.
Chaque personne préfère une activité différente!

Exemple: 1 *dimanche*

1 Sylvain regarde beaucoup de films – c'est sa passion!
2 Robert adore l'informatique.
3 Alette voudrait aller à la piscine.
4 Jean-Paul est sportif, mais il n'aime pas l'eau.
5 André aime beaucoup l'histoire.
6 Henri adore toutes sortes de dessert.
7 Anne-Marie est sportive, mais elle n'aime pas le football.

UNE SEMAINE D'ACTIVITÉS 8 À 14 JUILLET, 10 HEURES À MIDI	
lundi 8	Cours de cuisine au Restaurant du Port. Préparez et mangez une tarte au chocolat ou une tarte aux pommes.
mardi 9	Jouez dans l'eau sur l'île gonflable* au Centre de Sports Municipal, dans le grand bassin.
mercredi 10	Voyage sur un train de 1897. Attention: Rendez-vous à la gare à 9 heures 55.
jeudi 11	Cours de kayak. Rendez-vous au port, devant le musée maritime. 15 places.
vendredi 12	Jouez au football avec un partenaire, à l'ordinateur. Dans la salle d'ordinateurs au Collège Buhot.
samedi 13	Match de football au Centre de Sport Municipal (à l'intérieur), en groupes de cinq personnes
dimanche 14	Trois aventures et beaucoup de popcorn au Cinéma Rex. Rendez-vous à l'entrée, devant les bonbons.

/8

* *gonflable* = inflatable

/6

Troisième contrôle (alternative tasks, cont.)

Écrire

B La famille Boulot va au cinéma

Monsieur, Madame et Julien Boulot vont au cinéma ce soir. Monsieur Boulot parle de la soirée. Regarde les images et complète les quatre phrases.

Exemple: 1 *« Maman travaille, elle rentre à la maison à cinq heures et quart. »*

1 « Maman travaille, elle .... . »
2 « Julien, tu .... . »
3 « Nous .... . »
4 « Le film .... . »
5 « Après, maman et moi, nous .... . »

Pour t'aider

Les verbes:
aller, commencer, manger, prendre, rentrer

Les noms:
bus (*m*), dîner (*m*), maison (*f*), restaurant (*m*)

Encore Tricolore 1 | Name

Record sheet for *Contrôles*

Contrôle: ....

Listening (AT1)	Task	Points	Minimum for level	Level ✔ achieved
	A			
	B			
	C			
	D			
Total	(25)			

Reading (AT3)	Task	Points	Minimum for level	Level ✔ achieved
	A			
	B			
	C			
	D			
Total	(25)			

Speaking (AT2)	Task	Points	Minimum for level	Level ✔ achieved
	A			
	(A)			
	B			
Total	(25)			

Writing (AT4)	Task	Points	Minimum for level	Level ✔ achieved
	A			
	B			
	C			
Total	(25)			